LES

LITTÉRATURES POPULAIRES

TOME XLV

LES

LITTÉRATURES POPULAIRES

DE

TOUTES LES NATIONS

TRADITIONS, LÉGENDES
CONTES, CHANSONS, PROVERBES, DEVINETTES
SUPERSTITIONS.

TOME XLV

PARIS
J. MAISONNEUVE, ÉDITEUR
6, RUE DE MÉZIÈRES, ET RUE MADAME, 26

1902

LE FOLK-LORE

DE LA

BEAUCE ET DU PERCHE

OUVRAGES DU MÊME AUTEUR

Au Pays de l'Esclavage (Mœurs et coutumes de l'Afrique centrale), 1 vol.

Le Roman d'une Enfant trouvée, 1 vol.

Le Folk-lore de la Beauce et du Perche 2 vol.

EN PRÉPARATION :

Souvenirs de l'Année terrible en Beauce (1870-1871.)

LE FOLK-LORE DE LA BEAUCE ET DU PERCHE

PAR

FÉLIX CHAPISEAU

TOME I

PARIS
J. MAISONNEUVE, ÉDITEUR
6, RUE DE MÉZIÈRES ET RUE MADAME, 26

1902

AVANT-PROPOS

O mon Pays, sois mes amours,
Toujours.

CHATEAUBRIAND.

ORSQUE j'eus l'idée — il y a bien des années déjà — d'étudier et de rassembler les traditions de la Beauce et du Perche, mon intention était de les réunir en un petit volume, et je me mis à l'œuvre aussitôt. Mais au fur et à mesure des recherches l'horizon s'éloigna, le champ s'élargit. Aux nombreuses coutumes, croyances et superstitions qui constituent l'ensemble de l'Ethnographie traditionnelle, il fallut adjoindre les légendes, contes, chansons, dictons, etc., qui composent la Littérature orale. De sorte que

la tâche devint beaucoup plus longue, plus laborieuse, plus ardue qu'elle ne m'avait paru l'être tout d'abord.

Le *Folk-Lore*, cette science nouvelle, embrasse, en effet, la vaste et mystérieuse étendue du souvenir ; il soulève des problèmes d'une complexité inouïe quant à l'origine des faits relatés. Pour mener à bonne fin une œuvre de cette portée, il faudrait être à la fois historien, archéologue, critique et conteur. Or, simple chroniqueur, j'ai une ambition plus modeste qui peut se définir ainsi : recueillir avec un soin jaloux des choses sur le point de disparaître ou disparues déjà ; les rapporter fidèlement ainsi que tout ce qui s'est dit et se répète encore dans les chaumières ; les exposer avec méthode et clarté ; les sauver de l'oubli.

La plupart de nos anciennes provinces — notamment les plus éloignées du *berceau* de la France — ont fourni ample matière aux auteurs amateurs de *Littérature populaire*. La Picardie, la Franche-Comté, la Gascogne, la Bretagne.... ont offert une mine inépuisable aux chercheurs. On serait tenté de croire que la Beauce et le Perche, parce que situés aux portes de Paris, sont dépourvus de ces coutumes étranges, de ces chansons naïves, de ces croyances superstitieuses, de ces légendes et de ces contes populaires qui font la joie des folk-loristes. Ce serait une erreur. La source des traditions beauceronnes et percheronnes est féconde : elle se perd dans l'antiquité et elle a été largement alimentée, jusqu'ici, par les mœurs, les goûts de nos aïeux. Mais le cours ininterrompu du temps et l'œuvre de la civilisation effacent fatalement le passé et détruisent ou régénèrent sans cesse les usages de chaque époque. Il était donc utile et intéressant de remonter le cours des siècles pour reconstituer les traditions de nos ancêtres.

Il est, à côté de l'histoire proprement dite, une foule de faits qui lui échappent, parce que secondaires. Ce sont ces derniers que j'ai cherché à glaner afin d'intercaler, entre les pages de la grande histoire, quelques feuillets d'histoire locale relatifs au sol carnute, et de les transmettre aux générations futures.

Le récit historique repose, il est vrai, sur

des faits avérés, certains ; tandis que le récit légendaire, basé sur un fonds de vérité, sur un événement local, a été, en traversant les âges, altéré, amplifié, nuancé suivant l'imagination des narrateurs. Mais notre histoire nationale, pour les siècles antérieurs à la renaissance des lettres, n'a-t-elle pas été, elle-même, composée à l'aide de traditions recueillies et agrémentées par des écrivains naïfs et superstitieux ?

Certains faits cités dans cet ouvrage paraîtront difficiles à expliquer ; je ne m'en chargerai pas, le rôle que je me suis assigné consistant à rapporter et non à commenter. C'est à cette fin que j'ai rassemblé, avec une pieuse sollicitude, tous les souvenirs épars qui se rattachent à notre sol et constituent le *Folk-Lore de la Beauce et du Perche*.

Quelques-uns de ces souvenirs puisent vraisemblablement leur origine dans les mœurs les plus primitives ; — les plus nombreux peut-être remontent aux Gaulois qui avaient pour temple les forêts, pour autel des blocs de pierre bruts, pour culte l'adoration des puissances naturelles : — certains nous reportent aux premiers siècles de notre ère où les chrétiens étaient encore à demi païens ; — d'autres nous rappellent le moyen-âge, époque de naïve ignorance et de foi ardente, hantée des phénomènes du mystérieux, imbue du merveilleux ; — d'autres enfin sont nés des guerres civiles, religieuses ou étrangères (cause de misère générale, d'épidémie, de destruction), en des temps plus rapprochés de nous, où les mœurs étaient déjà moins rudes, l'intelligence plus ouverte.

Mais, quelle que soit leur origine, ces légendes merveilleuses et apocryphes, ces contes prodigieux et terrifiants constituent, avec les usages et les coutumes, les chaînons de l'immense chaîne de la vie qui nous rattache au passé ; ils se sont transmis de génération en génération à la veillée commune.

Primitivement les caves étaient les lieux choisis pour ces assemblées nocturnes, appelées *Veillées* ou *Veillons* ; depuis plusieurs siècles elles se tiennent dans l'étable. C'est là que, pour occuper les longues soirées d'hiver, les paysans beaucerons se réunissaient par groupes de trois ou quatre ménages : hommes, femmes, vieillards, enfants.

Un coin, proprement entretenu et tapissé de paille fraîche, était réservé aux *veilleurs*. Fichée dans un énorme chandelier de bois, une seule chandelle, apportée alternativement par chaque famille, projetait sur l'assemblée sa lumière jaunâtre. Les femmes teillaient le chanvre, filaient ou tricotaient. Les hommes prenaient place, qui sur des bottes de paille, qui dans le râtelier des vaches. On devisait gaîment au milieu du léger cliquetis des aiguilles qui s'entrecroisaient prestement, guidées par les mains alertes des tricoteuses. Puis on chantait de vieilles romances, des complaintes, des cantiques ; enfin on racontait des légendes naïves et merveilleuses ou des contes extraordinaires qui jetaient la frayeur dans la réunion.

Tout le monde écoutait dans un profond silence ces histoires terribles de loups-garous courant à travers la plaine ; de revenants jetant à pleines mains des malédictions ; de sorciers semant partout la ruine et la maladie ; de diables, couverts de poils noirs, apparaissant toujours armés de longues cornes et de fourches menaçantes. Les cheveux se dressaient, les yeux étaient hagards, les traits altérés, les cœurs palpitants..... L'heure du repos ayant sonné, la sortie s'effectuait, et les enfants, terrifiés, se cachaient sous le tablier de leur mère en regagnant le logis. La nuit, leurs rêves étaient peuplés de monstres effroyables.

Un souvenir vivace m'est resté de ces réunions où, tout enfant, j'ai pu recueillir sur les lèvres de nos aïeuls, parmi le tissu de ces histoires fantastiques, leurs préjugés et leurs croyances. Un grand nombre de ces croyances sont absurdes : elles n'en sont que plus tenaces ; elles font comme partie de l'air ambiant. C'est faire œuvre doublement utile, de les fixer au passage pour en conserver le souvenir à nos fils, et de les signaler pour les détruire chez ceux de nos contemporains qui les pratiquent encore.

Les veillées d'autrefois ont donc le mérite d'avoir perpétué jusqu'à nous les traditions populaires. Celles du samedi étaient de beaucoup les plus fréquentées et les plus joyeuses : les jeunes gens y étaient admis ; elles se terminaient par des jeux, des devinettes et d'autres amusements innocents. Mais l'hiver seul, avec ses froides et longues soirées, favorisait ces réunions ; vers Pâques, le paysan, reprenant sa vie au grand air, était contraint, par ses rudes travaux, à se coucher de bonne heure : les veillées cessaient jusqu'à la Toussaint prochaine.

Aujourd'hui, les veillées ont presque disparu, et, avec elles, les traditions orales où elles avaient pu si librement s'épanouir. Les mœurs se sont modifiées : l'industrie a envahi les gros bourgs ; on est devenu amoureux de son chez soi ; et si, le soir, le paysan et sa famille veillent autour de la lampe moderne, ce sont les *Nouvelles diverses* et les drames du *Roman-Feuilleton*, lus dans le journal du jour, qui font les frais de l'entretien : contes et légendes d'antan, ces « *vieilleries* », sont mis au rang des vieilles lunes.

Cette étude d'après nature offre un charme puissant, un intérêt passionnant. Mais pour saisir exactement les nuances des expressions, interpréter le sens des idées, dégager l'esprit de la population d'une contrée, il faut être soi-même enfant du pays, y avoir longtemps vécu, en bien connaître les mœurs et les traits distinctifs du caractère des habitants.

Pour mener à bien un tel travail, il faut avoir, comme but, un pieux devoir à rendre au pays natal, car la tâche est complexe : elle nécessite de patientes et pénibles recherches dans le trésor poudreux des archives et des vieux parchemins, des manuscrits et des imprimés. J'ai puisé à pleines mains dans les richesses de la Bibliothèque nationale, grâce à l'obligeance d'un bon et savant ami. J'ai fait appel aux liens de vieille amitié de compatriotes qui m'ont adressé leurs souvenirs ou des documents. Je suis heureux de leur offrir ici le tribut de mon affectueuse reconnaissance.

Puisque j'expose les sources auxquelles j'ai puisé, le moment est venu d'indiquer les auteurs que j'ai mis le plus souvent à contribution. Dans un travail de cette nature, l'usage impose à l'écrivain qu'il produise des notes justificatives, sous peine de voir mettre en doute la véracité de ses affirmations. Je m'y suis conformé pour les faits dont la source était unique ; mais je me suis abstenu lorsque les renseignements émanaient de deux ou même de trois sources différentes sans pouvoir discerner à laquelle revenait la paternité et lorsque ces renseignements venaient confirmer ma propre enquête ou mes souvenirs personnels.

Je dois dire que j'ai trouvé des documents précieux dans les travaux érudits et consciencieux de MM. de Boisvillette, Coudray-Maunier, Ad. Lecocq, A. S. Morin, J.-B. Thiers. Les lecteurs de cet ouvrage profiteront des recherches de ces savants en même temps que des miennes, car je leur ai fait de nombreux emprunts.

On ne peut tout voir, tout savoir, et, pour reconstituer fidèlement le passé de nos pères, les matériaux écrits ne suffisent pas. Pour être complet, il faut aller recueillir sur place les traditions locales, parcourir chaque commune, chaque village, explorer les lieux réputés, faire entrer en scène les vieux paysans.

Chaque année, j'ai fait de nombreuses excursions à travers la Beauce et le Perche, afin de glaner quelques nouveaux renseignements et grossir ma récolte. J'ai amené les vieillards à me raconter ce qu'on pensait, ce qu'on croyait, ce qu'on disait au temps de leur jeunesse. J'ai interrogé nombre de Beaucerons beauceronnant, de Percherons percheronnant, n'ayant jamais perdu de vue leur clocher. Or, capter leur confiance n'a pas toujours été pour moi chose facile. Le paysan est peu expansif ; il est méfiant en général, et, en matière de croyances et de superstitions, la plus grande prudence est nécessaire si l'on veut lui arracher quelques anecdotes. Il faut savoir en écouter patiemment cinq ou six, sans aucun sens, pour arriver à un récit intéressant. J'ai rarement fait de démarches vaines.

En résumé, je n'ai eu d'autre but en écrivant cet ouvrage que celui de conserver quelques traces des traditions ancestrales, avant que notre esprit sceptique ne les ait laissé disparaître. L'heure est arrivée de moissonner ces richesses populaires, car les vieillards s'en vont, emportant avec eux le trésor du passé.

Après avoir présenté les fontaines sacrées, les monuments mégalithiques, les arbres vénérés avec le cortège des croyances, des coutumes et des légendes qui s'y rattachent ; après avoir constaté la superstition sous toutes ses formes, je pénétrerai dans les intimes détails de la vie beauceronne et percheronne : chansons maternelles qui bercèrent nos premiers ans, jeux de l'enfance, fêtes, coutumes relatives à la jeunesse, au mariage, à la mort. La tradition orale et quelques curiosités locales seront aussi sauvées de l'oubli.

Tels sont les éléments dont se composent les deux volumes de mon ouvrage.

J'avais commencé, à l'aide de renvois, par rapprocher les traditions de nos contrées, de celles des autres provinces ; j'ai dû renoncer à ces rapprochements tant ils sont nombreux. Un autre volume eût été nécessaire et le travail incomplet. Il en résulte toutefois, qu'avec des variantes, la France a un fonds commun de coutumes, de traditions et de superstitions.

Un dernier mot au sujet des signes abréviatifs employés dans cet ouvrage.

Il est, dans bien des cas, matériellement impossible de préciser exactement les pays où se pratiquent tels usages. Notre division administrative de 1790 n'a eu sur eux aucun effet : ils franchissent les limites des cantons, des arrondissements, des départements, offrant ici une lacune, pour se retrouver plus loin en pleine vigueur ou avec des variantes insignifiantes. Il était utile néanmoins d'indiquer la limite approximative de leur pratique ; je l'ai fait de la manière suivante :

B. signifie Beauce; P., Perche; E.-L., Eure et-Loir; L., Loiret ; L.-C., Loir-et-Cher S.-O., Seine-et-Oise.

Tout ce qui m'a paru d'une pratique générale à la fois dans la Beauce et dans le Perche ne porte aucun signe.

F. C.

PREMIÈRE PARTIE

PREMIÈRE PARTIE.

AUTREFOIS. — AUJOURD'HUI

La Beauce et le Perche.
Les Beaucerons et les Percherons.
Types. — Mœurs. — Patois.

Avant de rapporter les traditions, les coutumes et les croyances de la Beauce et du Perche, jetons un coup d'œil sur l'aspect qu'offraient autrefois ces contrées, et sur les mœurs de leurs habitants.

La Beauce actuelle ne ressemble plus à la Beauce préhistorique ; tout y est différent : le pays, le climat, les hommes. Cette immense plaine, aujourd'hui si nue, habitée par des gens paisibles et laborieux, était couverte de vastes forêts qu'éclaircissaient çà et là des landes hérissées de rochers. Des barbares nomades et sauvages y stationnaient, pour la quitter et y revenir ensuite. Ils vivaient dans de misérables huttes au toit conique qu'ombrageaient les branches des chênes séculaires, ou dans des cavernes. C'est de ces tanières, dont l'ouverture était masquée par d'énormes pierres, que nous viennent les noms de *Chartres* et de *Carnutes* (1). Chartres portait encore au moyen âge le nom de *Ville-des-Pierres*.

*
* *

La Gaule Celtique, suivant César, occupait le centre de la Gaule. La grande cité des *Carnutes*, située dans la partie appelée « Gaule chevelue », à cause de la longue chevelure que portaient ses habitants, exerçait une influence prépondérante sur la Gaule Celtique.

Sa capitale, *Autricum*, possédait, sur l'em-

(1) *Hutes*, maisons. — *Carns*, *Cairn*, *Caiern*, rochers ou pierres.

placement actuel de la cathédrale de Chartres, un des sanctuaires les plus vénérés du culte druidique : là se tenait l'assemblée générale annuelle des Druides, regardés et respectés comme des oracles infaillibles.

A une certaine époque de l'année, les Druides se transportaient à l'extrême frontière du pays (*in finibus Carnutum*), et là, au milieu des pierres sacrées, s'érigeaient en tribunal pour juger les différends des Gaulois. La cité carnute était également le lieu de réunion des députés de la Gaule, qui discutaient les questions d'un intérêt général.

Il fallut dix années aux légions romaines pour soumettre la Gaule (1) ; et le pays Carnute, patriote et fanatique, fut considéré par César comme un foyer de complots, comme le point de départ des soulèvements, et le centre de la résistance. Après une lutte inouïe, des souffrances atroces, les Carnutes demandèrent à traiter : leur soumission entraîna celle de toutes les cités de l'Ouest.

Le territoire dépendant de la cité des Car-

(1) De 58 à 49 avant J.-C.

nutes était très étendu. Il serait représenté aujourd'hui par le département d'Eure-et-Loir ; les arrondissements d'Etampes, de Rambouillet, de Mantes et de Versailles (S.-et-O.) ; les arrondissements d'Orléans et de Pithiviers (Loiret) ; l'arrondissement de Vendôme (Loir-et-Cher); et quelques cantons de la Sarthe et de l'Orne, limitrophes d'Eure-et-Loir.

Jusqu'à l'invasion romaine, les Carnutes étaient gouvernés par des chefs, ou rois, investis d'un pouvoir civil et militaire, et élus par une sorte de sénat. C'est pendant l'occupation romaine que commencèrent les défrichements de la Beauce, suivis de la culture de la vigne et des céréales. Au milieu de leurs immenses forêts, les Carnutes vivaient bien plus de la chasse que de la culture.

Au IIIe siècle, la Beauce fut rattachée à la quatrième division Lyonnaise dont Sens était la métropole. Au VIe siècle, les fils de Clovis (partage de 511) firent d'Orléans un royaume. Il y eut la Beauce chartraine et la Beauce orléanaise qui, après avoir appartenu à des maisons différentes, rentrèrent, sous Philippe VI, dans le domaine royal.

Si l'on joint à ces vicissitudes les querelles des princes mérovingiens et carolingiens, les guerres que les seigneurs se faisaient entre eux ou soutenaient contre le pouvoir royal, l'invasion normande, la guerre de Cent ans, les dîmes excessives imposées aux paysans et en particulier celle qui portait le nom de *Champart de Beauce* (une gerbe sur six), on comprendra l'état de trouble et de misère auquel fut amené ce pays qui doit à sa fertilité le nom de *Grenier d'abondance de la France.* Les Beaucerons eurent tant à souffrir sous l'ancien régime qu'ils acceptèrent avec enthousiasme les idées nouvelles, en 1789, et demandèrent des premiers, dans leurs remarquables *Cahiers de doléances*, l'unité de l'impôt et l'abolition des droits féodaux.

*
* *

Chez nos ancêtres, les Gaulois, les puissants seigneurs n'existaient pas : ils vivaient sous le régime de l'égalité. Aux premiers temps du christianisme, le clergé était pauvre. Etant en général plébéiens, les prêtres protégèrent le peuple contre les barbares envahisseurs. Cependant, parmi les envahisseurs, peu à peu une caste particulière se forma, émergea au-dessus du peuple ; cette caste devint assez puissante pour s'arroger des droits particuliers qui devinrent les *droits du seigneur*. A la faveur des croisades, le clergé acquit certains de ces droits, et voici comment : ayant besoin d'argent pour partir en Terre-Sainte, les seigneurs, pour s'en procurer, engagèrent leurs châteaux et leurs biens aux monastères. Parmi les croisés, les uns moururent, les autres ruinés ne purent rembourser les sommes empruntées ; les monastères restèrent propriétaires des biens et les moines devinrent ainsi seigneurs terriens. De ce jour, peuple et clergé perdirent contact, celui-ci opprima celui-là. Ce fut l'âge d'or, l'époque idéale pour deux classes privilégiées, la noblesse et le clergé, dont les terres étaient exemptes d'impôt. Ce fut le temps de l'esclavage pour le peuple qui voyait ses charges augmenter sans cesse, en même temps que se multipliaient les abus et les vexations de toute sorte.

De ces abus qui se perpétuèrent jusqu'au XVIIIe siècle, les *Cahiers de doléances, plaintes et remontrances de 1789*, nous exposent un tableau émouvant. Ces *cahiers* furent rédigés, en vertu des lettres-patentes de Louis XVI du 24 janvier 1789, à l'occasion de la convocation des Etats-Généraux. C'est avec un respect mêlé d'émotion que l'on parcourt ces pages écrites sans art, mais inspirées par le sentiment de l'amour du bien public.

Toutes les paroisses beauceronnes et percheronnes dévoilent là leurs misères, énumèrent leurs doléances si légitimes : mauvaises récoltes, cherté des grains, impôt sur le sel ou *gabelle*, terres seigneuriales improductives parce que plantées en bois, couvertes de landes, ou en friches, taille arbitraire et écrasante, corvées exorbitantes, champart, dégâts faits par le gibier, les pigeons, etc.

Ces revendications furent d'ailleurs ainsi résumées aux Etats-Généraux par un député du bailliage qui demandait la suppression des pigeons, des lapins et des moines : « Les premiers nous mangent en grain, les seconds en herbe, et les troisièmes en gerbe. »

*
* *

En ce temps-là, les paysans beaucerons n'avaient pas même la liberté de se servir des instruments connus. Ils remuaient la terre avec la bêche ou la fourche. Les grandes cultures seules faisaient usage de la charrue attelée de vaches, de bœufs ou de chétifs chevaux. Bien que la faux existât déjà, la moisson des céréales devait s'opérer à l'aide de la faucille. Un arrêt du Parlement de Paris du 2 juillet 1786 rappelait qu'il était expressément défendu de couper les blés avec la faux sous peine de deux cents livres d'amende, et le double en cas de récidive. C'est seulement depuis 1800 que les cultivateurs de la Beauce s'enhardirent à faire usage de cet instrument pour couper les blés.

Aussi une révolution devait-elle fatalement

arriver ; elle fut brutale, féroce, sanglante : naturelles représailles d'un peuple trop longtemps opprimé et méprisé. Lorsque l'on considère l'état de détresse de nos ancêtres, on se sent ému de compassion et l'on bénit cette Révolution qui, si elle a laissé de lugubres souvenirs, a aboli tant d'abus.

*
* *

La Beauce du XVIIIe siècle était une subdivision territoriale présentant 30 lieues de longueur, entre Etampes et Blois, et une largeur de 22 lieues entre Dreux et Orléans ; elle avait pour bornes : au nord, le Thimerais, le Drouais et le comté de Montfort ; à l'est, le Gâtinais ; au sud, l'Orléanais et le Vendômois ; à l'ouest, le Perche-Gouët et le Grand-Perche. La Révolution, pour constituer le département d'Eure-et-Loir, prit, dans la province de l'Orléanais, les pays Chartrain et Dunois ; dans celle de l'Ile-de-France, le Drouais et le Thimerais; dans celle de Normandie, le Grand-Perche et le Perche-Gouët.

Le département d'Eure-et-Loir n'est donc que le noyau central de l'ancien pays carnute, c'est pourquoi les documents recueillis dans cet ouvrage embrassent et la Beauce tout entière et le Perche dont les coutumes et les traditions ont, par là même, une commune origine.

La nouvelle division territoriale de la France en départements tendait principalement à réaliser l'unification de l'esprit français. Ce but fut atteint : les rivalités d'antan ont cessé. Les populations de la Beauce et du Perche, de même que celles de chacune des anciennes provinces, présentaient des types nettement caractérisés. A l'aurore du vingtième siècle les caractères physiques de ces types d'autrefois ont eux-mêmes disparu.

Actuellement, Beaucerons et Percherons sont encore de tempérament bien différent ; mais, s'ils offrent toujours quelque dissemblance dans la physionomie, le temps ne tardera pas à mélanger et à unifier complètement les races. Les caractères physiques propres à chacune d'elles nous sont conservés par la peinture, la gravure, les médailles; n'est-il pas utile de fixer aussi les traits de leur mentalité pour les transmettre aux générations futures ?

*
* *

Combien d'écrivains, nés Parisiens ou Gascons, ont écrit sur la Beauce ! Ils ont donné leurs impressions sur cette contrée pour l'avoir traversée à la remorque d'une locomotive ou pour l'avoir habitée pendant quelques jours. Zola, dans *La Terre*, a dénaturé les mœurs, défiguré le caractère du Beauceron. Il croyait encore l'analyser qu'il le déformait. Pendant son court séjour (3 jours) sur les confins du Vendômois et du pays Dunois, il a pu voir plusieurs types rares, surprendre des scènes libres, entendre des propos rabelaisiens; il en a aussitôt conclu du particulier au général : son exagération habituelle et son naturalisme outré ont fait le reste.

D'ailleurs, (et il l'a dit lui-même) en écrivant *La Terre*, Zola n'a pas voulu dépeindre spécialement le paysan beauceron, mais le Paysan ; et son paysan n'est pas seulement français, il est *humain*. Le romancier est forcé de pousser à l'extrême, d'aller jusqu'à l'exceptionnel. Il a pris partout, comme des traits de caractère, les éléments d'une intrigue ; il a fait une synthèse du tout et l'a située sur un point quelconque du sol français : le cadre seul de *La Terre* est beauceron.

D'après lui, d'après d'autres psychologues superficiels ou de parti-pris, le Beauceron est égoïste, avare et froid. Oui, ces défauts existent en Beauce, mais limités à ce que l'on appelle la « vieille culture », cette nouvelle aristocratie, qui selon le dicton populaire « tondrait sur un œuf et vous marcherait sur le corps sans crier : gare ! » Mais ils ont jugé faussement le « petit paysan » et transformé en graves défauts ses meilleures qualités : son calme, son économie, sa réserve. En creusant, chaque jour, le dur sillon, le Beauceron a appris l'opiniâtreté ; il s'est trempé un caractère particulier : il est devenu pondéré, dur à la souffrance, réfractaire à la fatigue. Sa vie active et résignée est faite de privations et le temps des moissons, sous les feux ardents du soleil, est la rude école du labeur.

La crise économique que traverse la France sévit en Beauce dans toute son intensité, et, si ce pays est toujours l'ancien « grenier de la France », ses coffres-forts sont vides ; sa prospérité légendaire n'est, malheureusement pour les habitants, qu'une simple légende. Malgré tout, l'objectif du Beauceron est d'acquérir un « lopin de terre » afin de le léguer à ses enfants. On peut dire de lui qu'il est « l'amant laborieux de la terre », et, cet amour du sol l'ayant rendu chicanier, il s'ingénie en toutes circonstances à gagner sur son voisin quelques *pouces* de terre.

*
* *

La Beauce est un vaste plateau calcaire, sans bois, presque sans cours d'eau ; son sol uni est d'une fertilité remarquable. A part cette fertilité, avec ses plaines immenses et uniformes, ses interminables rubans blancs et poussiéreux que sont ses routes, ses clochers et ses tours presque semblables, ses villages aux toits de tuiles, ses hameaux aux toits de chaume, son soleil brûlant, elle offre, par sa désespérante monotonie, l'aspect d'un vaste steppe désolé. En raison même de sa fertilité, le sol beauceron est divisé à l'infini quoique la grande culture y domine encore. Le goût de la propriété chez le paysan est aussi une des causes du morcellement.

Chaque pays a sa beauté particulière, son charme spécial. La Beauce n'est pas totalement dépourvue de poésie. Son aspect est riant sous la verdure du printemps et on sent passer en soi un frisson indéfinissable en écoutant le refrain annuel de ses frémissantes moissons.

*
* *

Il y a une analogie étroite entre les qualités et l'aspect du sol, et ceux de ses habitants : le sol de Beauce est uni, calme, régulier ; le climat est doux, sain, tempéré : le Beauceron possède ces qualités auxquelles vient s'adjoindre un esprit exact, régulier, un peu méticuleux. Ses mœurs sont douces et son commerce facile. Il est né pour son sol et le sol est comme fait pour lui. La vente des récoltes l'a rendu commerçant ; dans les transactions, il est honnête et loyal. Il est envers son prochain quelque peu railleur et médisant, mais charitable. Il possède des facultés administratives bien connues et des qualités hospitalières niées à tort par ses détracteurs. Le *passager* miséreux a toujours reçu à la ferme un franc accueil, une bonne soupe et son gîte dans l'étable.

Le Beauceron est rabelaisien ; son langage est cru, ainsi que l'attestent nombre de dictons recueillis dans cet ouvrage. Il a l'esprit vif, et cette finesse s'accentue en se rapprochant d'Orléans. On dit d'ailleurs d'un Dunois : *Il est de Châteaudun, il entend à demi mot.*

Au physique, le Beauceron est robuste, de taille moyenne ; les proportions sont harmonieuses, la carnation saine, au teint le plus souvent hâlé par le chaud soleil ; les traits sont réguliers, peut-être un peu durs; les yeux ont un regard direct qui dénote la franchise, presque la rudesse ; la voix est forte ; le geste est large et hardi. Il a la démarche lente du paysan qui suit la charrue. Il est sobre ; l'eau est sa boisson habituelle : il la relève, en été, d'une pointe de vinaigre. Pendant la moisson seulement, l'usage du vin est général.

Le Beauceron a cette piété routinière qui tient surtout aux habitudes traditionnelles, et il a conservé, comme on le verra plus loin, un certain nombre des pratiques superstitieuses de ses ancêtres. Chaque jour voit cependant disparaître et ses préjugés et ses croyances chimériques au loup-garou, aux feux-follets, aux revenants et aux sorciers.

Les *assemblées* réunissent les familles ; si elles durent moins longtemps qu'autrefois, par contre, elles ne se terminent plus par ces rixes qui éclataient entre jeunes gens de villages voisins. Le Beauceron aime moins la danse que le Percheron. Exception faite pour Châteaudun et ses environs, on se livre rarement à cet exercice en dehors des assemblées ou des foires importantes. Il est médiocre chanteur et jusqu'ici peu musicien.

La *louée* des domestiques de fermes se fait

à la Saint-Jean et à la Toussaint. Ils sont très bien nourris si l'on compare leur nourriture à celle d'il y a un siècle qui était comptée trois sous par jour. Ils n'ont plus ce pain noir, ce morceau de galette de sarrasin ni cette soupe appelée *caudé,* (ce caudé n'était autre que le lait écrémé. conservé d'une saison à l'autre dans un énorme tonneau posé debout dans le cellier).

Le costume d'alors était à l'unisson de la nourriture : été comme hiver, il se composait d'une veste et d'une culotte de grosse toile. Les pieds étaient nus dans les sabots garnis de paille. Les souliers et le *droguet* ou *telon* (étoffe moitié laine et moitié fil) étaient des objets de luxe que les paysans voyaient aux gens riches.

Le Beauceron a conservé jusqu'au milieu du siècle dernier la simplicité patriarcale de ses aïeux : langage, mœurs, traditions. Depuis lors, les modes surannées ne sont plus en usage, même parmi les vieillards. On ne rencontre plus le lourd habit bleu à grandes basques sous lequel trois ou quatre vestes étaient boutonnées les unes sur les autres ;

ni la culotte courte, ni la blouse recouvrant l'habit à grand col de 1830; ni, chez les femmes, le quadruple rempart de jupons qui leur rendait la taille énorme. La jeune génération féminine a presque complètement abandonné le léger bonnet beauceron, fait de fine dentelle et de riche broderie, pour suivre — fût-ce de loin — les modes de la ville. La blouse de toile bleue, chez l'homme, est d'un usage général.

Les vieillards sont rasés complètement ou portent leur barbe en collier, laissant à nu lèvres et menton. Le Beauceron est poli et salue l'étranger qu'il rencontre. S'il n'a pas la proverbiale réputation de « largesse » du Percheron qui offre volontiers un verre de cidre au voyageur, c'est qu'il est lui-même privé de cette délicieuse boisson. Sa cave sert à mettre au frais les quelques pots de lait et les fromages que lui donne la vache; elle renferme rarement du vin. Les ménagères sont soigneuses; les meubles et la batterie de cuisine reluisent; le carrelage est souvent lavé à grande eau; et si le mobilier est modeste, la propreté tient lieu de luxe.

*
* *

D'après la plupart de nos historiens, le nom de *Perche* viendrait des forêts dont le pays est couvert. Les Romains lui auraient donné ce nom (*Pertica*, bois droit et long) en voyant ses arbres à la cime majestueuse et élancée. La nature a, en effet, favorisé le Perche de tout ce qu'elle semble avoir refusé à la Beauce. L'œil ne se lasse pas d'admirer ses sites charmants, ses délicieux paysages, ses coquettes habitations, ses gracieux cours d'eau. Les monticules sablonneux dominent des vallons profonds et étroits, les collines sont couvertes de bois ; les vallées sont coupées de haies vives, et dans les prés verts dorment ou paissent les grands bœufs qui font la fortune du cultivateur Percheron. La population beauceronne est agglomérée ; les maisons du Perche sont isolées, les villages très espacés et populeux.

Depuis un demi-siècle, le Perche est devenu un pays de culture luttant avantageusement avec la Beauce. Si ses récoltes sont moins abondantes, il a sur sa voisine une grande supériorité : le produit de l'élevage et des arbres fruitiers. Cette triple ressource fait du Perche un pays prospère, tandis que la Beauce s'appauvrit de jour en jour par la mévente des grains. De moins en moins nombreuses sont ces caravanes de Percherons (on les appelle aussi les *aoûterons*) qui, pendant que leurs grains achèvent de mûrir, viennent faire la moisson chez leurs amis les Beaucerons. Avant de faire leur propre récolte ils vont gagner péniblement un salaire qui les aidera à passer l'hiver. Un des leurs qu'ils appellent le *Capitaine* s'est entendu préalablement avec le cultivateur. D'après la quantité d'hectares dont se compose la « tâche », il sait le nombre de faucheurs et de ramasseuses dont il a besoin. Au jour indiqué, il arrivera avec son personnel.

Jusqu'au milieu du siècle dernier l'arrivée des Percherons en Beauce offrait un tableau des plus pittoresques. La migration se faisait à pied. On voyait des bandes nombreuses d'hommes et de femmes, coiffés d'énormes chapeaux de paille, portant en sautoir le bissac, les faux, les faucilles et les sabots. Les convois, sous le soleil ardent, marchaient en chantant des refrains grivois ou champêtres, conduits par le capitaine qui, fidèle comme l'hirondelle, revenait périodiquement, avec les mêmes aides, dans la même ferme, faucher les mêmes champs. Aujourd'hui les trains amènent cette armée de travailleurs dont chaque année le nombre diminue ; les sapeurs (ouvriers belges) et les moissonneuses perfectionnées rendront bientôt leur concours inutile.

*
* *

Placé entre le Beauceron et le Normand, le Percheron possède quelques-uns des vices et des vertus de ses deux voisins ; mais il a surtout les siens propres, et ce mélange lui donne une physionomie particulière. Vivant au milieu de ses cultures, de ses prés, de ses bois, il est casanier, attaché à son sol, bien qu'il semble en ignorer les beautés. Il va chaque semaine à la ville porter au marché ses produits nombreux et rémunérateurs. Il n'a ni la vivacité ni la franchise du Beauceron ; il dirait plutôt comme le Normand : « Pour une année où il y a des pommes, il n'y a pas de pommes; mais pour une année où il n'y a pas de pommes, il y a des pommes. »

Si comme le Beauceron, le Percheron est devenu laboureur, comme le Normand, il est devenu processif. La fermière s'appelle la *Maîtresse*, et elle nomme son mari *son Maître*. (Même coutume en Beauce où autrefois les époux ne se tutoyaient pas.) L'ancienne fermière faisait elle-même la cuisine, servait à table et mangeait debout.

Les Percherons ont la démarche lourde, les gestes lents et embarrassés. Leur caractère se ressent d'une sorte de réserve qui se fait sentir dans la conversation, dans les manières et jusque dans les transactions commerciales. René Courtin traçait d'eux ce portrait, en 1611 : « Les Percherons pensent plus qu'ils ne disent... Il faut reconnaître que la plupart sont paresseux, appesantis par la douceur et commodité du pays auquel ils s'attachent, faisant valoir chacun sa petite *closerie* ou métairie, sans pousser leur fortune plus outre ; tellement qu'il est tenu en proverbe d'eux : *Ce sont les poulains du Perche, ils se défont au croître...* Ce qui ne s'entend pas, continue le critique, que l'âge venant, rabaisse leur esprit et les rende imbéciles ; l'expérience nous donne la preuve de ceux qui se sont tirés du pays et ont brusqué la fortune aux autres provinces.... » Si le portrait est fidèle quant aux contemporains de l'auteur, il n'est plus celui du Percheron moderne. La période révolutionnaire a transformé ses mœurs. Les nouvelles générations s'améliorent sans cesse ; elles ont moins de nonchalance et plus d'ambition que leurs ancêtres ; cependant elles n'aiment pas les innovations en agriculture.

*
* *

Au point de vue de la culture, la valeur d'un homme est bien plus considérable que celle d'une femme ; aussi la naissance d'un *gars* est-elle considérée comme un bonheur. Lorsque c'est une fille, on dit : *Ce n'est qu'une créïature* ! Grâce aux produits variés de son sol, le Percheron est moins sobre que le Beauceron, et pourtant il vit de peu. Avec un lopin de terre, un *clos* et une chaumière, il se contente de la *goulée de biénasse* (rente annuelle de quelques centaines de francs).

Certains Percherons se retirent à la ville ; mais la plupart rêvent de devenir, sur leurs vieux jours, conseillers municipaux et marguilliers de leur village. Car le Percheron est crédule et dévot, mais d'une dévotion plus vive qu'éclairée qui s'attache surtout aux pompes extérieures du culte. Il est superstitieux et raconte de singulières et curieuses légendes au sujet des pierres druidiques assez nombreuses en cette contrée. De même que la Beauce, le Perche voit disparaître, peu à peu, les pratiques et les croyances superstitieuses.

Au physique comme au moral, le Percheron a suivi le progrès. Disparus, comme en Beauce, l'habit bleu clair à larges basques, aux boutons de métal brillant, la culotte courte, le gilet à fleurs et le chapeau à larges bords, costume vénéré que l'on n'endossait que dans les grandes circonstances, celles qui font époque dans la vie d'un homme. Le vêtement commun est la blouse bleue piquée de fil blanc au col et l'inévitable chapeau rond. Le Percheron a, lui aussi, les lèvres et le menton rasés ; les favoris encadrent sa figure. Les femmes ont abandonné la *coiffe de bois* monumentale de leurs grand'mères. Les coiffes que l'on rencontre encore sont de proportions raisonnables ; quelques-unes, ornées de dentelles, valaient jusqu'à cent francs.

Les *assemblées* sont très suivies et très dansantes ; chacun s'en retourne avec sa chacune, se tenant par la main, les deux petits doigts enlacés. La danse est le plaisir favori du Perche ;

dans beaucoup de gros bourgs, il était d'usage, jusque dans la seconde moitié du siècle dernier, de danser dès la matinée du dimanche. Les garçons et les filles de ferme venaient des hameaux voisins — et cela en toute saison — pour assister à la messe de six heures. L'office terminé, ils se rendaient sur la place ou dans une grange, dansaient quelques danses, buvaient *une goutte*, mangeaient un *carquelin* (crequelin : petite galette), puis retournaient à la ferme afin que les maîtres pussent, à leur tour, se rendre à la grand'messe de dix heures. D'ailleurs le Percheron est mélomane, et, s'il chante volontiers seul en travaillant, il sait, à l'occasion, moduler harmonieusement sa partie dans des chœurs.

Doux, compatissant, hospitalier, le Percheron est très accueillant envers l'étranger. Il offre facilement le *pichet* de cidre que l'on déguste dans la pièce où se trouve le lit monumental aux rideaux de serge verte. Le mobilier est rustique, le sol n'est pas toujours carrelé, mais tout y est propre et reluisant : c'est le luxe de la *maitresse*. On y trouve, comme en Beauce, le majestueux *dressoir* où s'étale pompeusement la vaisselle à fleurs bleues. Au mur, l'image de première communion et les chromos encadrent un bouquet de superbes épis de blé, l'orgueil du *maître*.

Beauce et Perche ne se ressemblent guère. La première, avec sa monotonie, sa nudité, sa sécheresse et sa modeste flore, envie au second ses sites pittoresques, ses sombres forêts, ses frais cours d'eau, ses prés verts tout embaumés du parfum du thym, de la fougère et du serpolet. De même Beaucerons et Percherons sont, en bien des points, de tempérament très différent. Cependant ces archétypes du paysan ont beaucoup de qualités communes, ainsi qu'on a pu le constater plus haut. Parmi ces qualités, il faut citer leur *bon sens*; ils possèdent une grande droiture d'intelligence et de jugement. Mais si, dans la conversation, ils se font remarquer par la justesse de leurs raisonnements, ils ne brillent pas par la forme du langage.

*
* *

Le langage de la Beauce et du Perche n'est nullement un idiome particulier; il n'est qu'une simple altération de la langue nationale. Mais, au fond de quelques hameaux, cette altération est si grande, certains mots sont si outrageusement défigurés, l'incorrection est si extraordinaire, l'accent si étrange, qu'il devient un patois dans le sens propre du mot. Ce patois est rude, sans harmonie, sans grâce. L'accent varie d'un canton à l'autre; le débit est plus rapide chez les Beaucerons que chez les Percherons et la phrase, qui se termine chez les premiers en baissant quelque peu la voix, prend chez les derniers un ton quasi interrogatif

De la partie septentrionale de la Beauce (région parisienne) à l'extrémité méridionale du Perche (pays manceau et normand), le patois est le même, sauf de légères variantes. On articule fortement en prononçant *ouai*, les *oi* (B). Les noms terminés en *al* se disent généralement *au* : un chevau, un maréchau ; ceux qui se terminent en *eau* font invariablement *ieau* : des cisieaux, des poirieaux. La plupart des diminutifs se terminent en *iau*. Un seul exemple : le petit de l'alouette se nomme un alouettiau ; ce nom est appliqué familièrement aux petits enfants, ainsi qu'en témoignent les vers suivants :

P'tite alouette, monte en haut
Prier Dieu qui (pour qu'il) fasse chaud ;
De l'aouenne (avoine) plein eune faux.
Du blé à grous moussiaux (en grande quantité)
Pour tous nos p'tits alouettiaux.

La terminaison des verbes, aux temps passés, se fait ordinairement en *in* : j'marchins et j'courins, j'allins et j'venins (nous marchions et nous courions...) (B) — ou en *as* : j'marchas vite (je marchais vite) (P). Il se dégage de la conversation un parfum bien local lorsqu'aux verbes ainsi conjugués, viennent se marier des mots du crû comme : *lubre* pour lourd ; *macabre* pour brutal ; *sou-*

bault pour gourmand ; la *clerté* pour la clarté ; il fait *clar* pour il fait clair ; l'*ergent* pour l'argent ; *jarbe* pour gerbe ; l'*barbe* pour l'herbe.....

Certains mots offrent pourtant un certain charme et fleurent le vieux français. Sans vouloir établir ici un glossaire beauceron et percheron, en voici quelques-uns surpris au hasard de la mémoire : *barvoller* (voltiger) : il barvolle de la neige ; — *coger*, décider quelqu'un à faire une chose ; — *crot* (crotum, creux), creux où l'eau séjourne ; — *déroquer*, retirer le roc, la pierre d'une terre ; — *éveux*, aquatique ; — *gesleux*, suffisant, maniéré ; — *graisseux*, patelin, flatteur ; — *grémir*, broyer, écraser ; — les *larris* (Larricium), terres en friches près des bois ; — les *ousches* (olca ou olcha), parcelles de terre adjacentes aux habitations du village.

Dans l'arrondissement de Dreux, on appelle les étrennes du jour de l'an, l'*aguilan,* le gui de l'an. Ce mot remonte au temps des druides et rappelle le gui du chêne (Au sud de Chartres, on prononce l'*éguilan.*)

Le patois beauceron est peut-être plus incorrect que le patois percheron; mais il faut bien admettre qu'un grand nombre de mots ont une origine très ancienne puisqu'on prétend qu'à l'aide du patois de *Tourouvre* (Orne), on lit couramment Joinville et presque couramment Robert Wace. A l'appui de cette prétention, il convient d'ajouter l'assertion de Dureau de la Malle qui dit que « le langage des habitants du Bocage percheron n'a pas changé depuis huit cents ans ».

DEUXIÈME PARTIE

DEUXIÈME PARTIE

A TRAVERS LA VIE BEAUCERONNE ET PERCHERONNE.

(VIEUX USAGES ; VIEILLES SUPERSTITIONS)

CHAPITRE Ier

LA MÉDECINE RELIGIEUSE : SOUVENIRS DRUIDIQUES.

§ I. — *De la Superstition en général.*

DANS la Beauce et dans le Perche, la superstition joue un rôle prépondérant ; elle s'est glissée dans presque tous les usages : dans la bourgeoisie comme dans le peuple, à la ville comme au hameau ; ses nombreux adeptes sont aussi fervents que simples.

Sans remonter jusqu'aux temps où les

hommes primitifs vivaient en des cavernes, certaines coutumes superstitieuses datent évidemment des âges sans civilisation et de mœurs rudimentaires. Les plus anciennes, entachées d'idolâtrie, nous viennent de l'Orient; elles nous furent apportées par ces peuplades nomades qui, parties des vallées de l'Iran, se fixèrent, après des années de marche, dans les clairières des majestueuses forêts qui couvraient alors notre pays. Ces tribus nous léguèrent les cultes idolâtriques du soleil, de la foudre, des vents, des montagnes, des forêts, des fleuves. Le culte de l'eau principalement est de tous les pays et de tous les temps. Près de cinq cents ans avant Jésus-Christ, Hérodote engageait ses contemporains à ne jamais traverser un fleuve sans dire une prière et sans tremper leur main dans son onde afin de la purifier. Ce culte universel de l'eau s'est conservé vivace, longtemps même après que tous les autres eurent disparu.

Les tribus qui fondèrent la Celtique obéissaient aveuglément à une caste sacerdotale : c'étaient les Druides. La plus belliqueuse des tribus celtiques, celle des Carnutes, fonda une sorte de camp qui devint, sous les Romains, *Autricum*, sur l'emplacement actuel de la ville de Chartres. Les Carnutes, comme tous les Gaulois, étaient très superstitieux : la superstition était l'un des traits distinctifs de leur caractère.

Les Romains parurent apportant avec leur civilisation plus avancée leur culte sensuel. Le christianisme vint ensuite avec son souffle d'amour et de liberté. Les Francs mêlèrent leurs croyances barbares à cet amalgame de dogmes si différents. Chacune de ces invasions laissa le germe de quelque superstition dans les replis les plus profonds de l'âme populaire. Les Beaucerons et les Percherons sont restés, en fait de crédulité, les dignes fils des Carnutes : ils croient encore de nos jours aux sorciers, aux présages, aux lieux hantés.

La superstition est une maladie de l'esprit; elle opprime les malheureux qui se livrent à ses pratiques. C'est, en effet, une vie bien misérable que celle de l'homme qui croit aux sorciers ; qui n'ose passer, tel jour ou à telles heures, en certains endroits ; qui craint de demeurer dans une société de treize personnes ; qui tire un mauvais présage de telle rencontre, de la vue d'un oiseau, du heurt d'un objet, d'un éternuement, de la position des astres, de la manière dont le feu pétille, etc, etc.

C'est, nous semble-t-il, faire œuvre utile et saine que de s'employer à déraciner ces erreurs absurdes, tout en respectant certaines traditions antiques et vénérables.

Nous n'avons pas d'ailleurs la prétention de détruire toutes les superstitions en les divulguant ici ; elles ne sont pas près de disparaître de nos campagnes : le vingtième siècle passera avant que n'arrive leur disparition. Elles tiennent dans la vie moins de place que jadis, on les pratique d'une manière moins apparente, mais elles restent ancrées dans le cœur du Bauceron et du Percheron.

Loin de nous la pensée d'abolir certaines coutumes naïves, certaines vieilles croyances qui charment l'imagination populaire toujours avide de merveilleux. Respectons, au contraire, ces innocentes fictions, ces consolantes illusions qui sont ce qu'on l'on appelle *la poésie de l'ignorance*. Laissons au villageois crédule ce monde chimérique où il se complaît et où il oublie peut-être par instants ce que sa condition a de pénible. En le détachant brutalement de son culte pour le passé, craignons de le conduire au scepticisme. Car alors nous ferions œuvre impie et cruelle puisque nous lui enlèverions tout, sans pouvoir lui donner quoi que ce soit en échange.

§ II. — *Culte des Fontaines.*

Nos ancêtres attribuaient des vertus surnaturelles aux eaux des fontaines dédiées aux divinités. Ils venaient pour recouvrer la santé ; ils y pratiquaient certains rites religieux en l'honneur des nymphes et des dieux qui présidaient aux sources sacrées ; ils laissaient dans leurs eaux, comme offrande, quelques pièces de monnaie ; les plus pauvres y jetaient un clou. C'est ainsi que le lac sacré de Toulouse contenait des trésors immenses, offrandes de plusieurs générations, et dont les Romains s'emparèrent en le desséchant.

Ni la Beauce ni le Perche ne renferment de sources thermales; à peine y trouve-t-on trois ou quatre eaux faiblement ferrugineuses. Si quelques-unes de ces sources jouissent de réelles propriétés curatives, les autres doivent leur prétendue vertu au culte dont elles étaient l'objet dans l'antiquité. La fontaine des nymphes devint la piscine des premiers chrétiens. Dans la suite, les populations ignorantes et croyantes pensèrent qu'une eau qui régénérait l'âme devait aussi guérir les maladies du corps : d'où le culte des fontaines.

Le clergé lutta ardemment contre ces vestiges du paganisme ; mais canons de conciles, prédications et menaces furent impuissants contre ces abus dont la pratique se transmit jusqu'à nous. Devant les résultats infructueux de la lutte, le christianisme tourna la difficulté en consacrant les fontaines à la prière chrétienne : chacune d'elles fut placée sous l'égide et le vocable d'un saint ou de la Vierge.

Certes, la dévotion s'est affaiblie en nos contrées et ces lieux de pèlerinages sont aujourd'hui peu fréquentés ; néanmoins on retrouve encore çà et là des traces durables de ces superstitions anciennes.

*
* *

La nudité de la Beauce, son manque de relief, en font une contrée généralement dépourvue d'eau ; c'est pourquoi l'existence accidentelle d'une source semblait, à des populations arriérées, un fait merveilleux. Dans le Perche, plus accidenté et plus boisé, les sources sont plus nombreuses, mais leurs propriétés curatives n'ont jamais existé que dans l'imagination des malades superstitieux et ignorants.

Parmi les principales sources sacrées du pays Chartrain, il faut citer la fontaine *Saint-Maur* (ou *Saint-Rémy*) à *Auneau*. Elle guérit les paralytiques, les goutteux et les épileptiques. D'après Chevard, la popularité, la vertu et l'importance du pèlerinage à cette source remonteraient aux temps gaulois. Deux faits importants concourent à prouver l'ancienneté de cette origine : l'emplacement de l'église bâtie près de la source et la date du pèlerinage, la veille de la Saint-Jean ; ceci et cela évoquent le souvenir du baptistère des premiers âges chrétiens. Jusqu'au milieu du siècle dernier, l'affluence des pèlerins était telle, qu'ils ne pouvaient trouver à se loger dans le village. Pendant le jour, on puisait à la piscine et on invoquait le patron. La nuit venue, le cimetière était envahi par plus de mille personnes qui couchaient sur la terre nue par mortification en l'honneur du *bon saint Maur*.

Il en était de même à *Coulombs*, près de Nogent-le-Roi, où *saint Gratien* était en grande vénération et attirait chaque année une foule de pèlerins.

Pour guérir *les fièvres*, on allait et l'on va encore, le 4 juillet, dans le bois de *Béville-le-Comte*, à la fontaine de *Saint-Martin*.

Celle de *Saint-Séverin* de *Fontenay* et celle de *Chaunay* ont perdu leur popularité.

La fontaine de *Saint-Eman*, près d'*Illiers*, à la source du Loir, jouit du même privilège et guérit de plus les fluxions de poitrine. Comme les précédents, c'est un pèlerinage à date fixe ; on s'y rend surtout (mais en neuvaine) à dater du jour de la fête du saint, le 16 mai. Les pèlerins viennent puiser à la fontaine, s'y baignent les mains, s'en humectent la figure ; ils y trempent des chemises qui, appliquées à nu sur le malade, doivent être conservées pendant neuf jours ; ou bien ils emportent de l'eau, dont on boit pendant neuf jours. Cette eau préserve les enfants du *mal de Saint-Eman* qui les fait enfler.

*
* *

Un certain nombre de sources sont réputées favorables aux enfants. On les conduit, pour les maladies de langueur, à la fontaine de *Notre-Dame de Gallardon.*

Celle de *Saint-Odoir* (ou *Saint-Audevoir*), commune de *Saint-Prest*, est connue sous le nom de *Fontaine d'aller ou venir*. Cette dénomination suggestive indique suffisamment l'opinion attachée à l'usage de ses eaux qui avaient la vertu de déterminer une crise chez les enfants en état de langueur. On plongeait, nus, ces petits êtres malingres, dans l'eau glacée, et leur sort devait se décider sur-le-champ : ils guérissaient aussitôt ou mouraient. Inutile d'ajouter qu'ils résistaient rarement à cette immersion.

On frémit en songeant au nombre de victimes qu'ont pu faire l'ignorance et la superstition. Comment des coutumes aussi barbares ont-elles été tolérées jusqu'à nos jours ? Car il existe encore, paraît-il, des parents assez inintelligents pour venir plonger clandestinement dans le bain glacial leurs petits enfants malades.

La fontaine de *Saint-Victur*, (ou *Saint-Vigur*), près de *Ver-lès-Chartres*, a servi, elle aussi, à ces barbares usages ; mais elle a perdu aujourd'hui tout son crédit et beaucoup de gens du pays ignorent même son ancienne vertu soi-disant miraculeuse.

Tout près de cette dernière se trouve la *Fontaine de Saint-Caprais* qui jadis jouissait de la renommée de guérir la gale. La source est aujourd'hui presque tarie.

La même vertu est attribuée à la fontaine de *Saint-Sanctin*, de *Chuisnes*. Saint Sanctin, évêque de Meaux, retiré, dit-on, à Chuisnes, puisait de l'eau à cette source. Une légende rapportée par M. Lefèvre, dans sa *Notice sur l'abbaye de Saint-Sanctin*, raconte l'origine de la dévotion :

« Il y a bien longtemps, la Dame de Chuisnes avait deux chiens atteints de la gale, qu'elle osa plonger dans la fontaine, dont les eaux sont souveraines contre cette maladie ; les chiens guérirent, mais la profanation reçut son châtiment : la châtelaine fut atteinte de la gale, et aucun remède ne pouvait l'en délivrer, parce qu'elle n'avait pas foi dans la vertu salutaire de la fontaine, qui n'était bonne, disait-elle, que pour des chiens. Cependant, revenue à de meilleures pensées, elle fit vœu de bâtir une belle chapelle à saint Sanctin s'il voulait la guérir ; aussitôt son mal cessa, et, fidèle à sa promesse, elle fit bâtir la chapelle, et, sur le haut du pignon, placer deux chiens affrontés en reconnaissance et souvenir de sa cure miraculeuse. »

*
* *

En quittant le pays Chartrain pour le Drouais, nous sentons redoubler, vers Dreux, le souffle de druidisme et nous y retrouvons des traces indélébiles des Carnutes, dans les monuments, dans les sources, dans les souvenirs et les légendes. Monuments et légendes étant traités dans d'autres chapitres, revenons aux fontaines qui, nombreuses autrefois, ont en partie disparu par suite de la perméabilité du sol. Ce phénomène est attesté par l'intermittence des rivières (Blaise, Avre et Meuvette) qui sont absorbées par des *bétoires*. Mais nos ancêtres étaient peu accessibles aux explications simples et judicieuses ; ils préféraient attribuer la cause de ces disparitions aux caprices des fées, à la malveillance des hommes ou aux maléfices du diable.

C'est ainsi que la tradition populaire veut que la fontaine *de la Herse*, aux *Châtelets*, celle *des Forges*, près de *la Puisaye*, et bien d'autres, aient été méchamment aveuglées par des balles de laine et de coton. Cette étrange croyance n'est pas localisée dans le Drouais.

Les Percherons accusent les moines de *Thiron* d'avoir usé du même procédé pour boucher les sources qui alimentaient l'étang de *la Motte*, au sujet duquel ils étaient en querelle avec le duc de Sully.

Les Beaucerons d'Orléans regrettent toujours la belle fontaine de *l'Étuvée*, célèbre dans l'antiquité par ses pèlerinages fréquentés. Elle était, disait-on, étouffée avec de la laine; mais des fouilles opérées, il y a un demi-siècle, n'ont mis à découvert que des débris romains et une inscription votive attestant l'ancienne réputation de cette fontaine sacrée.

De même les seigneurs de *Viabon* et ceux de *Saint-Germain*, en querelle pour le partage des eaux, ont bouché la source qui alimentait leur étang.

Ailleurs, la superstition prend une autre forme : elle croit les sources hostiles à la profanation.

La fontaine de *Saint-Eliph et Saint-Félix*,

située dans le bois de Bienvenue, près de *Montigny-le-Chartif*, dont l'eau puisée avant le lever du soleil préserve de la fièvre, était, dit-on, autrefois dans le village même. La tradition rapporte qu'une femme y ayant lavé les langes de son enfant, la fontaine, souillée et indignée, se déplaça et se retira où on la voit aujourd'hui.

Le pèlerinage à la chapelle et au puits de *Saint-Roch*, à *Digny*, était autrefois très fréquenté pour la guérison des maladies contagieuses. Lors de la Révolution, la chapelle a été désaffectée et transformée en une maison d'habitation. La chronique locale prétend que cette maison n'a jamais pu être habitée.

Autrefois, à *Saint-Luperce*, près de Chartres, on plongeait les enfants, pour les faire marcher, dans une fosse où il y avait de l'eau ; on l'appelait la *Fontaine de Saint-Luperce*. Depuis que la fontaine est tarie, on fait dire un évangile de saint Luperce.

La vertu principale des sources du pays Drouais semble être la guérison des fièvres. Telle est du moins la réputation des trois fontaines suivantes : celle *des Bougrins* près de *Saint-Lubin-de-Cravant*. Voici son origine d'après la légende : saint Lubin, évêque de Chartres, allait de Saint-Lubin-des-Joncherets à Saint-Lubin-de-Cravant ; sa mule eut soif, et, frappant du pied le sol, elle fit jaillir la source. Pour être efficace, l'eau doit être bue avant le lever du soleil ; — celle de *Saint-Jacques*, à *Fontaine-les-Ribouts* ; — celle de *Sainte-Geneviève de Senantes*, où l'on vient à jeun en pèlerinage certain vendredi de mai. On boit chaque jour de l'eau de la fontaine et l'on fait le voyage pendant neuf jours. On apporte au premier voyage une chemise que l'on fait bénir par le prêtre et toucher à la statue de la sainte ; le malade doit porter cette chemise pendant la neuvaine.

*
* *

Puisque nous parlons des fièvres, transportons-nous en pays Dunois, sur les bords de la *Conie* où règne l'endémie paludéenne. Nous y trouvons, près de *Courbehaye*, la petite fontaine de *Saint-Martin* et les ruines de la chapelle *Sainte-Colombe* où les pèlerins se rendaient autrefois en foule, dans le mois de septembre. Quelques fiévreux vont encore sur ces ruines demander leur guérison.

On va boire l'eau de la fontaine de *Saint-Mamert*, près de *Donnemain*, pour soulager les affections d'entrailles.

La modeste fontaine de *Saint-Laurent*, près de *la Ferté-Villeneuil*, guérit, dit-on, du mal de dents.

Près de *Charray*, la fontaine de *Saint-Gendulfe* est l'objet d'une dévotion toute particulière de la part des fiévreux.

Sur les bords du Loir, la fontaine de *Vouvray*, en aval de *Bonneval*, guérit les fièvres ; celle de *Sainte-Mabile*, près d'*Eguilly*, est fréquentée par les scrofuleux.

*
* *

Dans le Perche Dunois, nous constatons, comme dans le pays Drouais, la même uniformité curative des fontaines : *les fièvres*. Or le climat n'est nullement pyrétique ; mais le paysan, prenant l'effet pour la cause, confond la fièvre au général, avec les maladies qui la donnent. Et il vient naïvement à la source au lieu de recourir aux soins éclairés du médecin.

C'est ainsi que, par habitude, par avarice et par superstition, on continue à aller en *voyage* à la fontaine des *Trois-Maries*, près de *Méréglise* ;

A celle de *Saint-Jean*, près de *Luigny* ;

A celle du *Juef*, près *Unverre* ;

A celle de la *Boëche*, près d'*Yèvres* ;

A celle de *Saint-Eliph et Saint-Félix*, près de *Montigny-le-Chartif* ;

A celle de *Measlay*, près d'*Arrou* ;

A celle de *Saint-Jean*, à *Brou* ; (Brou possède aussi la fontaine de *Saint-Cloud* qui guérit les furoncles, appelés vulgairement *clous*) ;

A celle de *Saint-Gilles*, dans le parc de *Frazé* ;

A celle de *Saint-Benoit*, à *Arrou* ;

A celle de *Saint-Martin*, à *Saint-Pellerin* ;

A celle de *Saint-Pierre*, près *Dampierre*,

dans le champtier de Bois-au-Roi, etc.

La plupart de ces sources sont entourées d'une grille à laquelle est fixé un tronc. Le tronc reçoit les offrandes et, à la grille, sont suspendus des rubans, pour y attacher et laisser la fièvre.

*
* *

En pénétrant dans le Perche Nogentais, les fontaines sacrées changent d'aspect. Elles ont l'apparence de petits monuments ; le patron y est presque toujours représenté dans une chapelle que les gens du pays nomment une *Mariette*. Le pèlerinage prend ici une forme plus dévotieuse ; le malade boit à la source ; il vient surtout pour prier, et les *ex-voto*, toujours modestes, souvent naïfs, suspendus dans ces modestes oratoires, témoignent plus en faveur du nombre que de la richesse des visiteurs.

Toujours pour guérir des fièvres on assiste en foule, les 14 et 15 septembre, à l'office célébré dans la *Mariette* de *Saint-Lubin-des-Etangs*, près de *Saint-Victor-de-Buthon*.

Chaque premier dimanche, le clergé de la paroisse de *Fontaine-Simon* va en procession à la petite chapelle de *Sainte-Anne*.

Non loin de cette dernière fontaine se trouve une grosse pierre, à demi trouée, dans laquelle séjourne l'eau du ciel. Ce petit réservoir d'eau naturelle se nomme la fontaine de *Saint-Laumer*, parce que ce trou ne serait autre que l'empreinte de son bâton ; on attribue à l'eau la vertu fébrifuge. L'église est dépositaire de l'empreinte du pied de saint Laumer qui attire un grand nombre de malades et d'incurables.

La petite mariette de *Sainte-Agathe*, *près de la Puisaye*, est visitée par les personnes atteintes de maladies d'estomac.

On amène de très loin les enfants, lents à marcher et à parler, à la chapelle de *Saint-Cyr* ou *Saint-Cic* du cimetière de *Senonches*.

*
* *

Saint-Jean-Pierre-Fixte, près de *Nogent-le-Rotrou*, est un lieu de pèlerinage très fréquenté, le 23 juin. L'eau puisée à la fontaine ce jour-là, avant le lever du soleil, ne se corrompt jamais ; elle guérit tous les maux. Comme dans les fontaines de *Saint-Odoir* et de *Saint-Victur*, citées plus haut, on plongeait dans celle de Saint-Jean-Pierre-Fixte les enfants nus, afin de les faire *aller* ou *venir*.

La *Bazoche-Gouët* a deux sources : celle de la *Chapelle-du-Bois* guérit les fièvres ; celle du *Gué-de-Peristé* fait disparaître les maux d'yeux.

On boit et l'on conserve pieusement l'eau prise, le 23 juin, à la fontaine de *Saint-Jean*, à *Charbonnières ;* elle *enlève les fièvres.* Il en est de même à la *Croix-de-Beauvais*, près *Chapelle-Guillaume.*

Dans le chœur de l'église de *Champrond-en-Gâtine* se trouve la fontaine *Saint-Sauveur* fermée par une plaque de fer. Par les temps de sécheresse, on vient en procession demander la pluie et on ne manque pas à tremper le bâton des bannières dans la source. Les habitants de la commune de Combres y sont allés en pèlerinage, il y a quelques années.

On observe la même pratique et pour le même motif à la fontaine de *Saint-Eman*, près d'*Illiers* ; ici, c'est le *bâton* du saint que l'on trempe trois fois dans l'eau, après avoir promené le saint autour de l'église, le visage tourné à l'ouest, si l'on veut de la pluie, à l'est au contraire si l'on veut du beau temps.

La fontaine de *Notre-Dame-des-Marais*, près l'église des *Ressuintes*, est également l'objet d'une grande dévotion dans les années de sécheresse.

*
* *

Sur la commune de *Busloup*, près de la forêt de *Fréteval* (Loir-et-Cher), existe une source à laquelle on attribue des vertus miraculeuses ; elle attire de nombreux pèlerins et fut probablement consacrée par la superstition druidique.

Non loin de là, au château des *Mussets*, l'eau d'une fontaine passe encore pour guérir les maladies des enfants.

Un peu au sud est la chapelle *Saint-Vrain*, petit sanctuaire isolé près duquel est une fontaine sacrée qui attire, à certains jours, une foule considérable de pèlerins.

Quoique assez éloignés du pays Chartrain, nous sommes toujours sur le plateau Beauceron, et la fontaine de *Saint-Bouchard* peut encore trouver place ici. Située à une centaine depas du village de *Selommes* (Loir-et-Cher), cette petite source aurait, d'après la chronique locale, une origine miraculeuse. Un pieux cénobite, saint *Leufroy*, vint, vers 692, d'Evreux au tombeau de saint Martin à Tours. Passant par une bourgade nommée *Solemniacum* (aujourd'hui Selommes), fatigué, il se reposa ; altéré, il demanda un peu d'eau qu'on lui refusa. En vrai disciple du Christ, il secoua la poussière de ses sandales et s'éloigna en silence ; mais, dès qu'il fut hors du bourg, il frappa la terre de son bâton de pèlerin et en fit jaillir une source. C'est la fontaine de Saint-Bouchard où l'on va en pèlerinage pour la guérison des fièvres.

*
* *

Près du château historique de Villebon qui fut la demeure de Sully, se trouve le village de *Saint-Denis-des-Puits*. Dans le cimetière attenant à l'église existe un puits au fond duquel est, dit-on, le *bon saint Denis* et dont l'eau préserve de la rage les chiens et les animaux mordus par des chiens enragés. Il faut pour cela, dans les quarante-huit heures qui ont suivi la morsure, leur verser de l'eau de ce puits sur le corps afin sans doute de guérir le mal par la méthode des contraires. Puis, pour achever la guérison, il faut, pendant neuf jours, leur faire manger le matin, à jeun, du pain trempé dans cette eau. Il arrive quelquefois que les animaux restent incommodés pendant plusieurs jours de ce qu'on appelle dans le pays la *rage mue*, mais ces incommodités disparaissent rapidement.

*
* *

Il est presque impossible de citer toutes les croyances superstitieuses, qui subsistent encore dans nos contrées et dont les sources dites sacrées sont l'objet ; car, en outre des vertus curatives qu'on leur prête, elles ont pour la plupart des légendes populaires attachées à leur origine ; ou bien elles sont, la nuit, hantées par les fées ou les revenants : telle la fontaine située près des *Grandes-Abbayes* du Loir où l'on a vu des danses nocturnes et des rondes fantastiques. Le passant attardé traverse ces lieux avec effroi (*cf. IIe Partie chap. V. § 1 : Les mauvaises fées des fontaines de Barboton et de Sainville. — IVe Partie chap. I : La légende du Pont-de-l'Isle.)*

M. de Boisvillette, à l'érudition duquel nous avons eu recours, pour nombre de coutumes relatives aux fontaines, aux mégalithes, aux arbres, aux voies romaines, a ouï dire encore qu'à *Maillebois*, non loin de Dreux, le parc et l'étang sont hantés par *Jeanne-la-Laveuse* qui se promène la nuit et se retire au matin dans les souterrains du château. « Evitez le mauvais œil et priez pour l'âme en peine de cette *Dame des eaux !* »

§ III. — *Culte des Pierres.*

Nous n'essayerons pas, dans ce modeste ouvrage, de décrire tous les monuments préhistoriques de la Beauce et du Perche. Ces pierres gigantesques, en grand nombre sur le territoire Carnute, sont ordinairement appelées *celtiques* et surtout *druidiques* en raison de cette croyance qu'elles étaient consacrées au culte druidique. Naguère encore, le paysan ne passait qu'avec crainte devant ces roches brutes qui étaient l'objet d'une terreur superstitieuse.

Comme dans le reste du pays gaulois, on trouve en notre contrée les *menhirs*, pierres levées, souvent isolées ; les *dolmens*, pierres plates posées horizontalement sur des socles ; les *cromlechs*, pierres rangées en cercle (plus rares que les deux premières). Qui découvrira la véritable destination qu'avaient ces pierres ? Représentaient-elles, chez les peuples primitifs, un symbole religieux ? Ces dolmens furent-ils des autels où l'on sacrifiait les victimes humaines ? Ces cromlechs marquent-ils des sépultures, des enceintes sacrées ou des lieux d'assemblées publiques ? Ces vestiges des âges disparus furent-ils enfin le siège du prêtre ou du juge ? Les savants sont en désaccord sur tout ce qui concerne ces *monuments mégalithiques*.

Nous éviterons donc d'aborder cette ténébreuse question, dans laquelle nous sommes incapable d'apporter la moindre clarté. Nous nous bornerons dans ce chapitre à donner les noms étranges, parfois baroques, de certaines pierres, à noter les souvenirs qui s'y rattachent et les superstitions dont elles sont l'objet. Noms et croyances sont imprégnés de couleur locale et prouvent que la tradition qui nous les a transmis donne à ces pierres une origine religieuse ou les considère comme l'œuvre des fées, des lutins ou d'autres êtres surnaturels.

*
* *

Plusieurs de ces monuments préhistoriques sont encore aujourd'hui l'objet d'un culte spécial qui a pour but de s'assurer le bonheur, l'amour ou la fécondité. Il n'est donc pas téméraire d'en inférer que certains rites, observés encore de nos jours, remontent à la plus haute antiquité et sont arrivés jusqu'à nous, fidèlement pratiqués à travers les siècles. Ces rites s'accomplissent clandestinement et varient suivant les contrées et le vœu à exaucer, mais ils sont toujours caractérisés par le contact d'une partie quelconque du corps de la personne avec la pierre à laquelle elle attribue des vertus miraculeuses.

Nous n'avons pas comme en Bretagne les « *Roches écriantes* » sur lesquelles les jeunes filles ou les jeunes femmes se laissent glisser, jupons relevés, du sommet jusqu'au bas, pour trouver un mari ou pour être fécondes. Mais récemment encore les jeunes filles qui désiraient un mari, allaient, le soir, frotter leur ventre contre une aspérité de la *Pierre de Chantecoq*, dite aussi la *Mère au Cailles*. Les jeunes femmes qui désiraient avoir des enfants accomplissaient le même acte. Ce menhir est situé près de Gallardon, dans un champ rempli de petits cailloux, tous de même forme allongée et de même dimension. L'aspect de ce champ rappelle, en miniature, la fameuse plaine de la Crau, en Provence

A Villars, existe un terrain appelé le *Perron de Saint-Blaise* où se trouve une grosse pierre brute autour de laquelle on fait circuler les chevaux atteints de tranchées.

*
* *

Le pays Drouais, grand centre gallo-druidique, est riche en monuments mégalithiques. D'après la tradition, la pierre du *Moussel* aurait été transportée en cet endroit par le démon.

La *Grosse-Pierre* de Saint-Lubin-de-Cravant,

d'après la légende du pays, se levait pendant la messe de minuit, au moment de l'évangile, laissait apercevoir un trésor et retombait ensuite.

A un demi-kilomètre de Brezolles, se trouve un bois appelé le *Champ-des-Pierres*. Ces blocs naturels sont connus sous le nom de *Pierres de la Justice* et passent, dans la tradition locale, pour avoir été des autels druidiques.

Un groupe de pierres, près d'Ecluzelles, est connu sous le nom de *Pierres-des-Druides*.

Le beau dolmen des Aunaies de Monlouet, qui a 4 mètres de long sur 3m50 de large et 0m50 d'épaisseur, se nomme le *Palet de Gargantua*. Cette appellation désigne suffisamment l'origine qui lui est attribuée.

Non loin du confluent de la Voise, se trouve le groupe du *Changé*, composé de peulvans et d'un menhir, qui porte la même désignation de *Palets de Gargantua*. D'après la tradition, Gargantua s'amusait à lancer des pierres vers un but ; le but est le menhir et les palets sont les rochers épars lancés par le géant contre le but.

Morancez a la *Pierre-qui-tourne* ; Corancez, la *Pierre-Couverte ;* Ver, la *Pierre-Pesant.* Le Cromlech de Gellainville, composé de douze blocs, n'existe plus ; ses débris ont servi à l'empierrement des routes du voisinage.

*
* *

Prunay-le-Gillon possédait deux dolmens, de grande dimension, distants l'un de l'autre de trois kilomètres : la *Pierre-Couverte* et la *Grosse-Pierre d'Ymorville.* La première a été détruite par la mine, l'autre est à demi enfouie dans le sol. Deux cavités se remarquent à sa partie supérieure : l'une se termine en fourche et représente assez exactement une empreinte de pas d'animal. La *Pierre-couverte*, appelée aussi *Pierre-qui-vire*, a sa légende.

« Tous les ans, dans la nuit de Noël, au moment où le prêtre commençait le chant de la généalogie, la pierre se mettait à tourner sur elle-même, décrivait une demi-révolution et laissait à découvert l'orifice d'un vaste souterrain. Ceux qui avaient le courage d'y pénétrer, voyaient, à l'entrée, des vases pleins de monnaie de cuivre et de billon ; un peu plus avant étaient des bassins remplis de pièces d'argent, puis des monceaux de pièces d'or, et enfin des tas de diamants et de pierres précieuses. Le visiteur pouvait puiser tout à son aise dans ces richesses amoncelées par des génies inconnus. Mais malheur à lui s'il se laissait enivrer par la soif immodérée du lucre. Une loi fatale l'obligeait à sortir de la caverne avant que fût terminé le chant de la généalogie ; car, à ce moment décisif, la pierre sacrée achevait son évolution circulaire, et le malheureux, n'ayant plus d'issue, restait enfermé avec ses trésors et condamné à ne pouvoir sortir que l'année suivante.

On ne citait personne qui se fût enrichi par ce moyen ; nul ne voulait tenter l'épreuve. Ce n'est pas seulement la brièveté du délai qui intimidait les chercheurs d'aventures, mais on tremblait à la pensée d'entrer en relation avec les esprits mystérieux, gardiens de ces antiques monuments. A la longue, ces légendes avaient perdu de leur gravité ; on les répétait sans y attacher d'importance, et l'on se permettait même d'en plaisanter comme du *Bonhomme Noël*.

On disait aussi, à Prunay, que celui qui, le jour de la Mi-Carême, allait au pied de la *Pierre-Tournante* d'Ymorville, et y restait à attendre pendant un temps convenable, voyait apparaître la *Mi-Carême* en personne, qui, moyennant la modique offrande d'une poignée de foin, gratifiait le visiteur d'une énorme quantité de harengs salés... Hélas ! la vénérable pierre, à moitié enfouie en terre, a perdu sa vertu en même temps que sa position primitive, et la Mi-Carême est de plus en plus introuvable. »

*
* *

Le pays Dunois offre, en grand nombre, de beaux spécimens de pierres *celtiques*. Peu de légendes s'y rattachent aujourd'hui ; mais leur désignation indique bien l'origine qu'on leur a prêtée. La personnification de la force, sous le nom du géant populaire, Gargantua, y est représentée : à Alluyes, par le *Palet-de-Gargantua* ; au château de Thoreau, rive gauche du Loir, par un dolmen et un menhir appelés *Palet et Quillette de Gargantua* ; sur la Conie, près du parc de la Brosse, par le *Palet-de-Gargantua*.

Toury, possède aussi une *Pierre de Gargantua*. Le géant, en suivant la grande route de Paris à Orléans, se débarrassa, en cet endroit, d'un petit caillou qu'il retira de son soulier : ce caillou c'est la *Pierre de Gargantua*.

Près d'Illiers, se trouvent la *Pierre-Levée* de la Nicoltière, la *Pierre-Piquée* de Feugerolles ou de Montjouvin ; le grand dolmen de Quincampoix.

Près de Bonneval, on remarque le peulvan de Dangeau ; le cromlech de Saint-Maur, accompagné d'un peulvan et de deux dolmens.

A Villeau, près de Voves, on voit le dolmen de la *Pierre-au-Grée*. Plus près de Voves, celui des *Genièvres*.

*
* *

Vers la Conie, se dresse le beau dolmen, dit *Pierre-de-Saint-Marc*, qui, placé sur une source, fut le but d'un pèlerinage très suivi jusqu'à la Révolution ; le dolmen de *Couvre-Clair* de Neuvy-en-Dunois, encore en parfait état ; la *Pierre-Couverte* de Civry ; la *Grosse-Pierre* de Péronville.

Près de Nottonville, une vaste enceinte de pierres est connue sous le nom de *Bal-des-Dames de Bainville*. La chronique locale rapporte qu'en cet endroit trois figures vêtues de blanc viennent pendant l'Avent danser, la nuit. Cette légende populaire, très accréditée dans le pays, rappelle les hôtes fantastiques des monuments bretons et se fait probablement l'écho de la tradition qui veut que ces enceintes aient servi de lieux de réjouissances publiques aux premiers habitants de nos contrées.

Sur le bord du Loir, près de l'ancienne voie

romaine d'Orléans au Mans, se trouve le dolmen de *Fréteval* (Loir-et-Cher) qui délimita apparemment le Dunois du Vendômois. Non loin de *Sargé* (Loir-et-Cher) on voit deux rocs isolés connus sous le nom de *Pierres-du-Breuil*, qui, suivant la tradition locale, tournent sur elles-mêmes le jour de Noël, à minuit. La superstition populaire accorde la même faculté au menhir conique situé tout près de Vendôme, sur la route de cette ville à Blois.

*
* *

Gargantua a marqué son passage dans l'Orléanais. Il a laissé un *palet* et une *drue* à Saint-Sigismond (Loiret). Dans les environs de Beaugency, se trouvent deux dolmens, distants entre eux de trois lieues, et appelés, l'un *Pierre Tournante*, l'autre *Pierre d'Orcières*. D'après la tradition, le géant posait en même temps un pied sur chacune de ces pierres.

De même qu'à Saint-Sigismond, le géant

a laissé à Tripleville, près d'Ouzouer-le-Marché (Loir-et-Cher) un palet et une drue comme monuments de ses jeux.

Une légende, semblable à celle de Toury, prétend qu'en suivant la route de Vendôme à Blois, le géant se débarrassa, au hameau du Temple (Loir-et-Cher), d'un gravier qui le gênait dans sa chaussure ; c'est la *Pierre-Levée*, dite aussi le *Gravier de Gargantua*.

A Verdes (Loir-et-Cher) se trouvent les Lunettes de Gargantua : c'est une pierre longue de dix pieds et échancrée par le milieu. Sur la même commune, on voit la *Soupière de Gargantua*. Les gens du pays donnent ce nom à une grande excavation, voisine d'un tumulus et de pierres qui rappellent les temps druidiques.

Les pierres, dites de Gargantua, se rencontrent dans toute la France ; mais elles sont surtout nombreuses dans les départements d'Eure-et-Loir, de Loir-et-Cher et du Loiret. Or Rabelais a habité longtemps le château de Glatigny, situé commune de Souday, près de Mondoubleau (Loir-et-Cher), presque à la limite de ces trois départements. L'immense cheminée de la cuisine existe encore et porte toujours le nom de *Cheminée de Gargantua*.

Doit-on en inférer que ces appellations multiples tiennent au voisinage de l'habitation de Rabelais ? que l'auteur étant connu dans la contrée, les légendes se sont formées, nombreuses, en souvenir du héros fameux ? Oui, si Rabelais est l'inventeur du personnage mythologique de Gargantua. Mais si, comme on l'a prétendu — à tort peut-être —, les légendes du héros gigantesque remontent à l'époque celtique, Rabelais, alors, n'aurait fait qu'emprunter à la tradition populaire et le nom de son héros et ses histoires fabuleuses. Dans ce cas, l'auteur n'aurait choisi, pour résidence, le château de Glatigny qu'afin d'être au centre même de cette tradition.

Quoi qu'il en soit, hercule gaulois ou géant plus moderne, la mémoire de Gargantua s'est conservée fidèle dans les plaines de la Beauce, principal théâtre de ses exploits.

*
* *

Quoique moins riche en monuments mégalithiques que la Beauce, le Perche en possède quelques-uns assez remarquables. De ce nombre est la *Grosse-Pierre* de la Madeleine-Bouvet, connue sous le nom de *Fontaine de Saint-Laumer*, et dont la célébrité a été rapportée au chapitre des Fontaines sacrées.

Sur les confins du Perche et de la Normandie, dans la commune de Mont-Merrey, à trois kilomètres de Mortrée, se trouve le *Camp de César*, appelé aussi le Châtellier. C'est un plateau élevé de la forme d'une ellipse, mesurant environ 15 arpents. Nos savants ne sont pas d'accord sur l'origine de ce camp ; ils voient là, les uns un camp romain, les autres un camp gaulois. Sans prendre part à leur controverse, disons — et la légende nous viendra en aide — qu'il s'agit vraisemblablement d'une enceinte druidique, occupée tour à tour par les Gaulois et par les Romains.

Sur une colline qui forme comme un versant du camp de César, se trouve une large pierre affectant la forme d'un carré long et supportée par trois autres pierres à demi enfouies dans le sol. Pour nous, c'est un dolmen ou autel druidique ; pour les habitants du pays, c'est la *Pierre-Tournoire*. A quelques mètres plus loin se trouve un autre dolmen, identique comme forme, mais de dimensions plus restreintes. Si un léger doute s'élevait dans l'esprit du touriste, au sujet de l'usage de ces monuments anciens, ce doute s'évanouirait aussitôt en apercevant, non loin de là, d'un côté la chaire en pierre où siégeait le chef des Druides, et, un peu plus bas, une petite fontaine dont les eaux servaient aux ablutions rituelles. Deux menhirs abattus se trouvent à quelque distance du grand dolmen.

Ces lieux, jadis témoins des cérémonies druidiques et des sacrifices humains, aujourd'hui silencieux et déserts, sont l'objet de légendes bizarres. Les « anciens » racontent que le dolmen, ou plutôt la *Pierre-Tournoire*, cache un trésor immense. Mais, comme il recouvre la demeure du diable, personne n'ose y toucher. Un jour, cependant, les habitants de Mont-Merrey attelèrent tous leurs chevaux après la pierre qui résista à cet effort.

Au dire des braves Percherons, chaque année, la veille de Saint-Jean, au soleil levant, la pierre se dresse d'elle-même et aussitôt retombe lourdement. A certains jours, des milliers d'ombres fantastiques sortent de terre. Ce sont des guerriers de l'*ancien temps* qui deux à deux défilent devant leurs chefs ; parfois ils s'arrêtent, puis reprennent leur marche silencieuse et s'évanouissent, avec les brumes, dans les premiers rayons du soleil.

A Condé-sur-Laison, il y aurait une pierre druidique, nommée la *Pierre-Cornue*, qui, au premier chant du coq, s'ébranle et descend vers la grande fontaine pour s'y désaltérer.

A Saint-Cyr-la-Rosière (Orne), au lieu dit « La Pierre du Sablon » non loin du dolmen la *Pierre Procureux*, se trouvait, dit une légende, un trésor caché ; ce trésor s'ouvrait également pendant la nuit de Noël ; mais toujours par crainte des mauvais esprits qui le gardent, les paysans des environs n'osaient jamais s'en approcher.

*
* *

Il a disparu quelques spécimens de ces beaux débris d'une civilisation qui, ne sachant pas écrire, savait signer les traces de son passage en caractères durables. Les autres sont appelés peut-être à subir le même sort. Leurs fragments serviront à empierrer les chemins et leur emplacement sera cultivé. Il était donc intéressant d'en fixer le souvenir dans cet ouvrage composé des traditions et des choses du passé. Nous pourrons ainsi nous reporter par la pensée en ces temps lointains, avec ces témoins imposants de la force de nos ancêtres : pierres-couvertes, couchées, trouées, clouées ou couverclées, fixées, fichées, piquées ou levées, et les légendes merveilleuses ou fantastiques des trésors cachés, des géants ou des fées.

Tous ces contemporains de l'humanité primitive sont peut-être la plus belle parure de notre contrée. Quoique muets, ils nous parleront de nos ancêtres et nous initieront à leurs cultes, à leur vie même, à laquelle nous pourrons prêter toutes les nuances, toutes les sublimités, comme aussi tout le réalisme dont elle était faite. Nous avons essayé d'enregistrer les noms de ces antiques débris et les croyances qui y sont attachées, sans nous préoccuper de savoir s'ils composaient un alphabet mystique figurant par sa forme l'initiale des membres du panthéon de la théologie gauloise : *Esus* ou *Heus*, le terrible, l'être suprême des Gaulois ; *Teutatès*, le père des hommes ; *Camul*, le Mars gaulois ; *Crom*, d'où cromlech, la courbe sans commencement ni fin ; *Tarann* le *Zeus* (Jupiter) ; *Koridwen*, la *fée blanche*, la nature.

§ IV. — *Culte des Arbres.*

La forêt Carnute avait un caractère sacré. C'était le lieu de réunion générale des Druides gaulois. Les dolmens et les menhirs qui parsèment nos contrées sont, nous venons de le voir, les vestiges irrécusables de cette époque. Une vaste clairière s'est formée au milieu de cette forêt : le plateau de la Beauce.

Il ne reste de l'immense forêt Carnute que la ceinture qui comprend : au nord, en allant vers l'est, les forêts de Dreux, de Rambouillet ; au sud, celles de l'Orléanais et du Blaisois ; à l'ouest, le bocage Percheron, région forestière par excellence qui vient se relier à la forêt de Dreux. Les essences forestières étaient très variées dans l'antique forêt Carnute, et très remarquables les espèces du chêne sur lequel les Druides cueillaient le gui symbolique. C'est également sous ces arbres sacrés que les Druides rendaient leurs jugements, que les Romains appelaient par dérision *la justice du chêne*. De là, chez cette nation primitive, le culte matériel des arbres, et en particulier des chênes, allant de pair avec celui des fontaines et celui des pierres.

Comme pour les fontaines, le clergé lutta contre ces vestiges de paganisme et les conciles ordonnèrent aux évêques d'empêcher d'adorer les arbres, les pierres et les forêts (Arles 442 ; Auxerre 585 ; etc). Les mêmes moyens furent employés ; les arbres vénérés reçurent une niche dédiée à la vierge ou aux saints.

*
* *

Le chêne de *La Loupe*, situé sur la levée de l'étang, est vieux de quinze siècles au moins. Cet ancien roi de la forêt disparue a 14 mètres de circonférence à la base, 15 mètres de hauteur et 25 mètres d'envergure. Ce chêne a sa légende. Dans une crevasse du tronc, on place une statuette, protégée par un grillage, représentant la Vierge tenant l'Enfant-Jésus dans ses bras. On raconte qu'en 1815, les Prussiens brisèrent cette statuette. Pendant qu'on la frappait, on vit des pleurs couler de ses yeux, et, dans la nuit même, à la place de la statuette brisée, poussa un champignon qui en avait exactement la forme. D'après une autre version, cet événement aurait eu lieu pendant la Révolution.

Le Perche possède d'autres témoins de l'âge celtique : le chêne du bras de *Louvilliers*, doyen de la forêt de Senonches ; celui de *Manouyau*, sur la commune de *Fontaine-Simon* ; celui de *Saint-Denis-des-Puits*, appelé *Chêne-Doré*, en souvenir de la tradition druidique du gui cueilli avec une faucille d'or. Ce chêne, de même hauteur que celui de la Loupe, n'a que 10 mètres de pourtour à sa base ; son tronc est entièrement creux.

Un vieux et beau houx, situé au hameau de l'*Orme*, commune de *Frazé*, a été jusqu'au milieu du XIXe siècle l'objet d'une vénération spéciale et un but de pèlerinage pour la guérison de certaines maladies. Son tronc et ses branches étaient garnis de rubans attachés par les pèlerins. Une croix, dédiée à la Vierge et à saint Evroult, remplace aujourd'hui ce signe ancien de dévotion.

Somme toute, il reste bien peu de ces chênes géants qui peuplaient la forêt Carnute au sein de laquelle les druides déposaient leurs sépultures.

*
* *

D'autres arbres, pour être beaucoup plus jeunes, n'en sont pas moins respectables : les six maronniers du plateau de Saint-Jean, à Nogent-le-Rotrou, qui passent pour avoir été plantés de la main même de Sully ; le *chêne de Saint-Louis*, dans la forêt de Bellême, sur la commune de Saint-Martin-du-Vieux-Bellême, sous lequel, d'après la tradition, saint Louis, venant prendre possession de son comté du Perche, se serait arrêté et y aurait attaché son cheval (1228-1230).

§ V. — *Villes anciennes.* — *Camps Romains.* — *Voies romaines.*

SANS vouloir pénétrer aucunement dans le domaine de l'archéologie, examinons sommairement ce que furent, dans la Beauce contemporaine de ces monuments anciens, les *oppida-villes* (centres d'habitations), les *oppida-refuges* (camps romains), les *voies commerciales et stratégiques.*

Des villes ou des enceintes retranchées servant de refuge contre les attaques des peuplades ennemies, la plupart ont été détruites lors de la conquête de César. D'autres ont disparu postérieurement dont on connaît l'exact emplacement.

Sur le grand chemin de Chartres à Sens, dit chemin de Saint-Mathurin, subsistent les vestiges de deux agglomérations considérables de l'époque gallo-romaine, sur les terrains dits de *La Maune* et de *Sampuy*. La Maune est située au carrefour du grand chemin d'Orléans à Ablis, par Allaines : son emplacement est couvert de substructions et de débris gallo-romains, et on y a trouvé nombre de médailles datant d'Antonin. Par les temps de neige, on remarque facilement les endroits occupés par les puits qui alimentaient d'eau cette immense cité.

Sampuy est un peu plus loin, à la jonction du chemin de Blois, entre Allaines et Mérouville. Centre romain couvrant un espace de 400 mètres de long sur 200 de large, son existence est affirmée par la découverte de souterrains, de bronzes, de poteries et d'objets d'art remarquables.

*
* *

Allaines et *Allonnes,* sur le grand chemin de Chartres à Orléans, points d'intersection importants, offrent par leur nom (*al* celtique), leur vieux clocher isolé du village moderne, tous les caractères des stations romaines. Allonnes en possède d'ailleurs de nombreux vestiges.

Sur le chemin de Chartres à Bourges, par Blois, (appelé en Eure-et-Loir chemin de Bourges ou chemin de Beaugency) à *Massonville*, près du Gault-Saint-Denis, se trouvait également un centre romain dont on a retrouvé des vestiges.

Sur le parcours de cette même voie romaine, on trouve près de *Saint-Cloud* (Eure-et-Loir) des traces de *villæ* romaines authentiques.

Verdes et *Ouzouer-le-Doyen* (Loir-et-Cher) furent des stations romaines considérables à en juger par les constructions, monnaies et objets de cette époque, mis à jour il y a un demi-siècle.

Les restes romains découverts au carrefour de *Tourouvre*, formé par le grand chemin de Chartres à Bayeux (dit *Vieux Chemin Chartrain*) et le *Grand Chemin Perrey* d'Evreux au Mans, accusent l'emplacement d'une station très importante.

M. de Boisvillette, dont le savoir nous guide au milieu de ce réseau d'anciens chemins peu connus, a découvert à *Montemain*, outre une belle villa romaine, de nombreux restes celtiques qui permettent d'affirmer qu'en cet endroit se trouvait un centre d'une certaine importance. *Montemain* est situé près de Saumeray, sur le chemin de Chartres à Brou.

Trois villes sont restées assises sur leur emplacement primitif : Chartres *(Autricum)*, l'ancienne capitale ; Orléans *(Genabum)*, l'entrepôt commercial de la Méditerranée à l'Océan ; Dreux, *(Durocassium)*, sur la route de la Loire à la Seine.

*
* *

Les camps romains, appelés communément *Camps de César*, sont d'une authenticité discutable, bien que la tradition leur ait conservé cette appellation.

Le camp dit de *Plancus* (lieutenant de J. César) est le plus important dans nos contrées ; il est placé à deux kilomètres au sud de Maintenon.

Le camp de *Saint-Mandé* paraît également, par sa forme et par sa position, remonter à cette époque. Situé sur le grand chemin de Chartres à Bourges, il coupe la distance de Chartres à Blois et garde le passage.

Il en est de même du petit camp situé commune de *Landelles*, près de Courville, il est caché dans le bois des Fourches, au carrefour des chemins de Chartres à Bayeux et de Chartres à Jublains et Rennes.

On cite encore le *camp des Marnières*, un peu au nord de Prudemanche ; le *camp de Songé* (Loir-et-Cher), forte position sur le cap avancé de la Braye et du Loir.

La tradition, nous l'avons déjà dit, attribue sans hésitation ces camps aux Romains, mais la tradition n'est rien moins qu'historique ; elle a souvent donné prise à la fantaisie et à l'erreur en attribuant aux ancêtres ce qui était l'œuvre des descendants. Ici, d'autres faits, cependant, la corroborent : la forme et l'emplacement de ces camps qui répondent bien aux règles établies par la castramétation romaine. Et enfin, la résistance acharnée des Carnutes à l'invasion romaine donne une vraisemblance incontestable à la construction par l'envahisseur de ces camps retranchés.

Joignant à leur esprit d'indépendance gaulois le fanatisme religieux druidique, les Carnutes furent, en effet, les premiers à lever l'étendard et les derniers à soutenir la lutte avec Vercingétorix. Il était donc naturel, pour les soumettre, que les Romains établissent ces camps qui dominaient et commandaient les clairières où se trouvaient placés les autels druidiques.

*
* *

En dehors des *grands chemins* mentionnés plus haut au sujet des villes disparues, il faut citer celui de la Seine à la Loire, dit de Chartres à Orléans, qui se continue par Dreux et Evreux ; celui de Reims, Etampes, Chartres et le Mans ; celui de Chartres vers Tours, par Châteaudun et Vendôme. Il reste, en outre, nombre de voies anciennes qui reliaient vraisemblablement des cités et des camps aujourd'hui disparus. Ces chemins, fortement bloqués et bien pavés servaient aux Carnutes pour leurs transports commerciaux de la Seine à la Loire, pour leur importation et exportation de voisinage.

Les chemins sont appelés communément chemins de César, voies romaines. Sont-ils antérieurs à cette époque ? Datent-ils réellement des Romains ? On ne peut sur ce point, de même que sur les camps, se fier à la tradition, qui a gardé un souvenir vivace de l'invasion romaine et s'est faite, par suite, l'écho de ces appellations.

*
*

De vastes souterrains, à galeries multiples, existaient en nos contrées : on les attribue, pour la plupart au moyen âge. On les désigne sous le nom de *Croth-aux-Fées*, (ou encore *Grottes-aux-Fées*). Le Croth-aux-Fées de Chartres se prolongeait souterrainement vers Fontaine-la-Guyon, sur une distance de plus de trois lieues ; celui de Dreux mettait en communication le château de cette ville avec Fermincourt. Ne remontraient-ils pas plutôt à l'époque gauloise ? Le nom celtique, *Croth*, indiquerait bien que ces galeries étaient la demeure des prêtresses du culte druidique.

D'ailleurs César affirme dans ses *Commentaires* que les Celtes excellaient à creuser des voies souterraines qui, au moment de l'invasion ennemie, leur servaient d'asiles secrets pour s'y cacher avec tout ce qu'ils possédaient.

Chartres et ses environs possèdent — nous l'avons vu plus haut — des souterrains de vastes dimensions. Les distributions intérieures et les étages superposés forment de véritables labyrinthes dont les galeries montent, descendent, se communiquent, s'entrecroisent, et peuvent avoir, dans leur ensemble, une longueur de plusieurs lieues. Ces asiles secrets offraient, en cas de guerre, un refuge sûr qui fut utilisé, en 1870, par les Beaucerons pour y cacher butin, mobilier, grains, bestiaux même.

Ces souterrains étaient encore appelés *Grottes des Vierges, des Sybilles*, et comme ils se trouvent toujours voisins d'anciennes localités gauloises, ils doivent avoir servi de demeures aux prêtresses druidiques, non moins vénérées que les druides eux-mêmes. Ces prêtresses, auxquelles les légendes accordaient une puissance bienfaisante ou terrible, formaient, comme les druides, des espèces de communautés monastiques ou *collèges* et se liaient par des vœux de chasteté. Vêtues d'une robe noire, les cheveux épars, elles prenaient part aux cérémonies sanglantes et remplissaient elles-mêmes les rites barbares.

En résumé, ces sombres demeures nous reportent bien aux temps du fanatisme druidique dont les Contes de fées ont conservé, dans la naïveté des impressions populaires, les vagues et effrayants souvenirs.

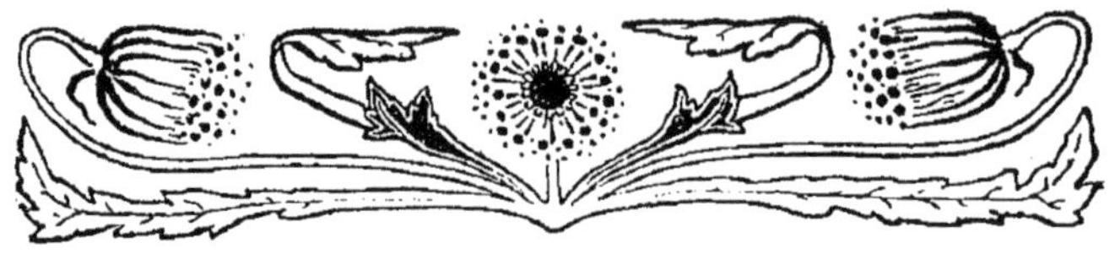

CHAPITRE II.

LA MÉDECINE RELIGIEUSE (*suite*) : SAINTS PROTECTEURS ET GUÉRISSEURS.

§ Ier — *Les Voyageuses.*

Pour soulager leurs maux ou guérir d'une maladie, nos ancêtres avaient recours tantôt aux remèdes populaires, tantôt aux moyens empiriques, ou encore aux secrets des sorciers.

Dans nos campagnes, la guérison était surtout demandée aux saints. Pour ces naïfs croyants, la puissance divine disparaissait devant la puissance spéciale de guérir attribuée à chaque saint. On ne demandait pas son intercession, on invoquait son pouvoir ; et, bien souvent, l'invocation n'allait pas au delà de la représentation matérielle du saint, elle s'adressait directement et uniquement au personnage de bois ou de plâtre.

Jusqu'à notre époque, cette tradition s'est conservée et la foi est surtout vive en temps d'épidémie. Certains saints sont l'objet de pèlerinages très fréquentés ; la ferveur populaire les invoque en des prières et oraisons particulières, non seulement dans les cas de maladie, mais encore pour obtenir la pluie ou le beau temps, l'éloignement de la grêle, la réussite d'une entreprise...

Plusieurs de ces saints, aux noms plus ou moins apocryphes (saint Gall, saint Charbon, saint Mamard, saint Genou, saint Raboni, etc.) provoquent les maladies qui portent leur nom et les guérissent ensuite.

*
* *

Si l'on est atteint d'un *mal de saint*, on doit aller en pèlerinage (on dit : *en voyage*) dans l'église où se trouve le saint. Certaines églises de la Beauce et du Perche possèdent des saints dont la réputation de guérir s'étend très loin. En dehors des pèlerinages à date fixe, on fait isolément des *voyages* auprès de ces saints : on fait brûler des cierges en son honneur; on se fait dire des évangiles; on touche le saint avec un objet que portera le malade ; on lui attache au cou, au bras, à la jambe, un ruban ; on fait des neuvaines.

Le malade n'est pas tenu d'aller lui-même en voyage auprès du saint. Il existe des femmes qui font métier de *voyager* ; on les appelle d'ailleurs *voyageuses*. On les consulte d'abord sur le genre du mal et sur le saint qu'il faut invoquer. Expertes en la matière, elles indiquent la maladie et, dès le lendemain, se mettent en route. Elles désignent quelquefois deux ou trois saints comme devant être invoqués : c'est alors deux ou trois *voyages* à accomplir en des lieux différents et parfois très éloignés.

La *voyageuse* part de grand matin, à jeun et à pied ; elle prie au départ, elle prie en chemin, elle prie au terme du voyage, elle prie au retour, elle prie toujours. Elle emporte dans un panier sa maigre pitance qu'elle ne doit manger qu'après avoir accompli auprès du saint tous les rites traditionnels. A son retour, elle *rend son voyage*, c'est-à-dire fait une dernière prière à la maison et prend généralement part au repas de la famille du malade.

On prête aux voyageuses des vertus particulières ; leur renommée est grande. Bien des malades, qui pourraient eux-mêmes accomplir le voyage, préfèrent s'adresser à elles. Ils croient que les voyageuses possèdent des pouvoirs particuliers, que leurs relations suivies avec les saints les rendent familières à ces derniers, en un mot qu'elles obtiennent plus sûrement la guérison.

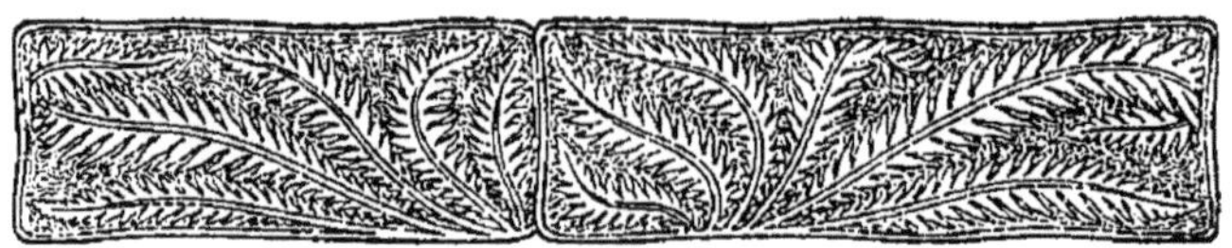

§ II. — *Le Berceau de saint Blaise.*

VANT de parler de nos contemporains, nous jetterons un coup d'œil rétrospectif sur la vogue dont jouit, du XIe à la fin du XVIIIe siècle, saint Blaise, guérisseur des aliénés.

En ce temps-là, les infortunés atteints d'aliénation mentale n'avaient d'autre asile que la prison où, dans un cachot obscur et infect, ils restaient jusqu'à leur mort, menottes aux mains et fers aux pieds. Ils étaient souvent considérés comme frappés par la colère divine et la science médicale, à l'état d'enfance sur ce point, n'essayait nullement d'opérer leur guérison. C'est pourquoi les parents de ces malheureux tentaient d'apitoyer Dieu sur leur sort.

La *grotte de saint Blaise* de l'église de Saint-

Maurice-lès-Chartres était un lieu de pèlerinage réputé par le grand nombre de guérisons obtenues. Dans la grotte se trouvait le *Berceau de saint Blaise*, sorte de couchette faite de fortes pièces de bois de chêne et garnie de ferrures servant à maintenir les aliénés furieux pendant la neuvaine accomplie à leur intention par les membres de leur famille. Tout le pays chartrain et même les provinces limitrophes envoyaient là leurs malades. De telle sorte que la grotte devenant trop exiguë, un local, en dehors de l'église, fut aménagé aux mêmes fins, vers la fin du XVe siècle. Deux siècles plus tard, on dut agrandir le local devenu insuffisant. Pendant la neuvaine, le malade ne devait pas quitter la grotte qui renfermait le Berceau de saint Blaise. Chaque jour, le chapelain disait la messe à son intention, récitait un évangile en lui posant son étole sur la tête ; sa famille communiait pour lui et versait son offrande dans le tronc de la chapelle. Une redevance de cinq sols par jour était due au chapelain pour la paille mise dans le *Berceau*. Les dons en nature, jambons, œufs, fruits, chandelles, filasse, devenaient aussi le profit du chapelain. Ces offrandes étaient nombreuses, car saint Blaise, suivant la naïve croyance de nos ancêtres, possédait, en outre, le pouvoir de guérir les maladies des enfants et celles des bestiaux.

*
* *

Lorsqu'un cheval était malade, on le promenait autour de l'église et de la *Grotte* ; si le cheval guérissait peu de temps après cette promenade, son propriétaire clouait au-dessus de la porte de la *Grotte* un de ses fers en guise d'ex-voto. (1)

(1) Cette coutume des ex-voto se retrouve assez fréquemment en France : à la porte de l'église de Palada (Pyrénées-Orientales), à celle de la cathédrale d'Embrun (Hautes-Alpes). (*Bulletin monumental*, t. 31, p. 87).

Anciennement, il était d'usage dans la Beauce, lorsqu'un maréchal-ferrant s'installait dans une commune, qu'il clouât sur la porte de l'église des fers neufs, pour indiquer qu'il mettait ses travaux sous la protection divine.

Aujourd'hui encore, dans nos campagnes, certains paysans ont plus de confiance dans les prières, dans les procédés empiriques, dans les recettes surannées d'un ancien maréchal que dans les connaissances scientifiques du vétérinaire.

Saint Blaise fut jusqu'à la Révolution l'objet d'un véritable culte en notre pays chartrain où l'expression « avoir été mis dans le berceau de saint Blaise » était considérée comme une injure, un propos diffamatoire pour celui à qui elle était adressée

§ III. — *A Chartres.*

A. S. Morin a dressé la *Statistique Hagiographique d'Eure-et-Loir* ; nous profiterons du fruit de ses recherches sur cette matière, après les avoir toutefois expurgées de leurs commentaires et complétées par les renseignements que nous avons personnellement recueillis.

*
* *

Cathédrale. — *Vierge Noire* ou *Vierge de sous-terre.*

D'après les hagiographes chartrains, le culte de la *Vierge Noire* (dans la Crypte) remonte à plus d'un siècle avant la naissance de Jésus-Christ ; les Druides avaient élevé un autel à la Vierge qui devait enfanter le Sauveur du monde, *Virgini pariturae*. Elle fut toujours l'objet d'un grand nombre de pèlerinages. On lui attribue des guérisons portant sur toutes maladies. Elle est surtout invoquée pour faire cesser la stérilité des femmes : plusieurs reines de France, parmi lesquelles Anne d'Autriche, sont venues en pèlerinage auprès de la *Vierge Noire* de Chartres.

*
* *

Le Puits des Saints-Forts.

Dès le premier siècle de notre ère, le christianisme se répandit sur toute la Gaule, faisant de nombreux adeptes. Mais tandis que le paganisme expirait sur presque tous les points du sol celtique, il se maintenait avec obstination chez les Carnutes attachés à leurs mœurs et à leur culte druidique. Vaincus, mais non soumis par les Romains, ils restaient les ennemis acharnés de tout ce qui venait de Rome. Or, le christianisme, étant prêché par des missionnaires romains, devait les trouver réfractaires à cette nouvelle religion. Aussi les premiers apôtres qui pénétrèrent dans le pays chartrain furent-ils massacrés. Ceux qui se convertirent au christianisme subirent le même sort.

Le puits des *Saints-Forts*, situé dans la crypte de la cathédrale de Chartres, aurait, suivant la tradition, reçu les cadavres des premiers martyrs chrétiens : de là son nom.

En 858, un certain nombre de Chartrains, dont l'évêque Frotbold, furent égorgés par les Normands et jetés dans ce puits. De tout temps des malades vinrent en pèlerinage invoquer les *Saints-Forts* et puiser de l'eau pour se guérir. Démoli et comblé vers 1850, l'orifice était si habilement dissimulé sous de nouvelles constructions qu'on n'avait pu depuis lors en retrouver l'emplacement. Des fouilles longues et difficultueuses faites au commencement de 1901 ont permis de retrouver ce puits antique, dont l'histoire est associée à celle de nos plus loitaines origines.

*
* *

Dans un bas-côté de la cathédrale se trouve la *Vierge du Pilier*, qui est l'objet d'un pèlerinage des plus fréquentés de la chrétienté. Elle date du commencement du XVIe siècle. On l'appelle encore *Notre-Dame du Pilier* ou *Notre-Dame de Chartres* et même *Vierge Noire* (comme celle de la crypte) à cause de son visage brun noirâtre. Son culte a éclipsé celui de toutes les vierges de la contrée. On y amène des milliers d'enfants le 8 septembre. Une quantité de cierges brûlent chaque jour devant elle, et un chapelain se tient en permanence pour dire des évangiles. Un nombre considérable d'ex-voto sont suspendus en guirlandes le long des murs ; tous les pèlerins baisent le pilier qui supporte la Vierge. On invoque la Vierge du Pilier pour toutes les maladies.

*
* *

Les malades — mais en moins grand nombre — ont également recours à *Notre-Dame de Pitié*, à *Notre-Dame des Sept-Douleurs*, placées dans des chapelles au bas du clocher neuf et du vieux clocher.

*
* *

Sur le vitrail d'un bas-côté du chœur est représentée la Vierge que, pour cette raison, on appelle *Notre-Dame de la Belle-Verrière*. La couleur du vitrail lui a fait donner le nom de *Vierge Bleue*. Comme elle suggère de bonnes inspirations à ceux qui l'invoquent, on la nomme *Notre-Dame de Bon-Conseil*. Enfin, comme elle accélère la maladie dans un sens ou dans l'autre, on l'appelle encore *Notre-Dame d'aller ou venir*.

*
* *

Les principaux saints qui ont leur statue dans la cathédrale sont :

Saint *André*, qui guérit de la coqueluche ;

Saint *Charbon*, qui guérit du charbon ;

Sainte *Christine*, qui guérit les maux de dents et préserve de la morsure des bêtes venimeuses ;

Saint *Clair*, qui guérit la cécité et les maux d'yeux ;

Saint *Joseph*, qui guérit les maux de jambes ;

Sainte *Venice* et sainte *Véronique*, qui sont invoquées par les femmes pour les indispositions auxquelles elles sont sujettes. Sainte *Venice* a eu sa statue et son culte à l'église Notre-Dame de Nogent-le-Rotrou, et à Ceton, dans l'Orne, sur les confins d'Eure-et-Loir.

La cathédrale possède les reliques de saint *Piat* et de saint *Taurin* : le premier de ces saints procure du beau temps ; le second donne la pluie.

*
* *

On invoque à l'église SAINT-PIERRE :

Saint *Marcou*, contre les écrouelles ;

Saint *Solène*, contre les douleurs rhumatismales.

*
* *

On va à l'église SAINT-BRICE invoquer le saint patron qui fait parler les enfants. On fait bénir une brioche dont l'enfant mange pendant les neuf jours de la neuvaine.

*
* *

La chapelle de SAINT-JULIEN possède douze statues de saints :

Sainte *Catherine de Sienne* guérit les maux de jambes et les maux de sang ;

Saint *Maur*, les douleurs rhumatismales et le croup ;

Saint *Vrain*, les enfants en langueur ;

Saint *Eutrope*, l'hydropisie ;

Saint *André*, les rhumes ;

Saint *Jean-Baptiste*, le feu de Saint-Jean ;

Sainte *Apolline*, les maux de dents ;

Saint *Antoine*, le feu de Saint Antoine ;

Saint *Evroult*, les fleurs de Saint-Evroult ;

Saint *Julien*, le feu de Saint-Julien ;

Sainte *Radegonde*, les dartres ;

Saint *Joseph*, tous les maux.

*
* *

Dans la chapelle de l'Hôtel-Dieu se trouvent les *fers* de saint *Léonard* (on dit à la campagne : saint *Liénard*), qui servent à faire marcher les enfants. C'est une tringle de fer, cylindrique, d'un mètre de longueur environ, dans laquelle sont engagés et glissent librement quatre anneaux de fers. Le 9 mai, beaucoup de femmes de la campagne amènent leurs petits enfants à la messe qui est célébrée ce jour-là dans la chapelle. On passe les jambes et les bras de l'enfant dans les anneaux, on fait brûler un cierge devant le saint et on fait dire un évangile pour l'enfant. Cette coutume superstitieuse n'est respectable que par son ancienneté. Elle se pratiquait bien avant le XVIIe siècle, puisque J.-B. Thiers, le savant théologien, l'ennemi des superstitions, la signale à peu près en ces termes : « Faisant allusion à son nom — allusion aussi naïve que ridicule — on dit que saint *Liénard lie* ou *délie*. A cet effet, les personnes affligées de certaines maladies de langueur se font dire des évangiles de saint Liénard, afin de guérir ou mourir bientôt. Dans l'église de Mellerai, près de Montmirail, il y avait autrefois une chaîne de fer attachée à la muraille près d'un autel de saint Liénard, avec laquelle on attachait les personnes pendant qu'on leur disait les évangiles de saint Liénard. Les prêtres de cette église se trouvaient bien de cette dévotion, parce qu'elle leur attirait quantité d'évangiles et de messes qu'on leur faisait dire, et dont ils étaient fort bien payés. Ils s'épargnaient volontiers la peine d'examiner et de consulter si cette pratique était superstitieuse. Il fallut l'intervention d'un de leurs amis, plus éclairé, pour les retirer de cette erreur et pour en désabuser le peuple, en enlevant la chaîne de l'église. »

§ IV. — *Dans la Beauce et dans le Perche.*

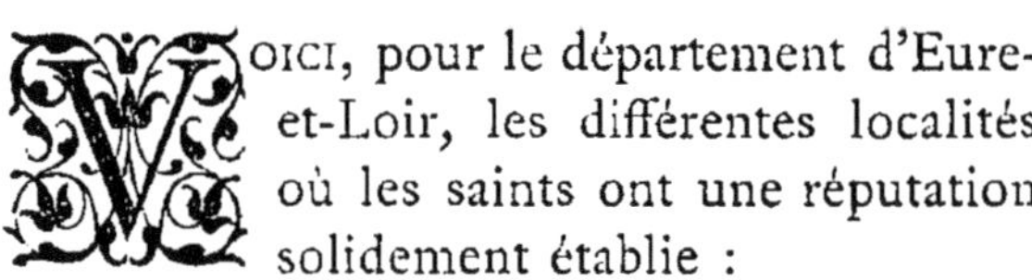

Voici, pour le département d'Eure-et-Loir, les différentes localités où les saints ont une réputation solidement établie :

Allonnes :

Saint *Sulpice* guérit maux de sang et maux de jambes.

Anet :

Anet a les reliques de saint *Lathuin* (ou *Lain)* qui, jusqu'aux invasions normandes, appartint à Séez.

Argenvilliers :

Saint *Antoine* guérit de la peur et des feux de saint Antoine.

Auneau :

Saint *Maur* guérit les douleurs et les rhumatismes (cf. *Culte des Fontaines*).

*
* *

Baignolet :

Sainte *Sébastienne* guérit les maladies épidémiques et contagieuses.

Beaumont-les-Autels :

Sainte *Apolline* guérit les maux de dents ; saint *Julien*, les feux de saint Jean ; saint *Gourgon*, les fraîcheurs et les rhumatismes.

Boisville-la-Saint-Père :

Saint *Laurent* guérit les maux de jambes et les fleurs de saint Laurent.

Bonneval :

Saint Gilles guérit de la peur. Il fraternise avec saint *Leu*, comme l'atteste ce vieux dicton local :

Saint Gilles et saint Leu
Guérissent de la peu'.

Brou :

Saint *Lubin* guérit les maux de jambes ; sainte *Claire*, les maux d'yeux ; sainte *Félicité*, diverses maladies.

Brunelles :

Saint *Gilles* et saint *Julien* auxquels on s'adresse simultanément pour les enfants.

*
* *

Champhol :

Saint *Denis* guérit de la rage.

9

Champrond-en-Gâtine :

Saint *Sauveur* donne la pluie (Cf. *Culte des Fontaines*).

J.-B. Thiers combat, avec un zèle digne d'un meilleur résultat, les différentes pratiques superstitieuses de son époque. Il constate que les évangiles que les gens se font dire, avec l'étole du prêtre posée sur la tête, est une pratique tolérée par l'Eglise sans figurer cependant dans aucun missel ni rituel ; mais il condamne, en la relatant, la coutume étrange suivante. Jadis, dans les environs de Champrond, les gens atteints de la gale se faisaient dire un évangile de saint *Fiacre* en tenant à la main une chandelle éteinte. Ils agissaient ainsi dans la pensée que, si la chandelle était allumée, la gale s'allumerait davantage. D'autres croyaient que tels jours, telles heures seulement étaient propices à la guérison et que, pendant la cérémonie, il fallait se tenir le menton dans la main droite, ou encore tenir le pied droit élevé.

Charray :

Saint Marcou guérit les écrouelles.

Chassant :

Saint *Lubin* jouit ici d'un crédit beaucoup plus grand qu'à Brou. Aux deux jours de fête annuelle (Commémoration de la Mort du saint et Translation de ses Reliques) plusieurs prêtres sont occupés, pendant toute la matinée, à dire des évangiles pour les pèlerins. Autrefois, relate J.-B. Thiers, on avait l'habitude de faire dire des évangiles de saint Lubin sur un autel pour des personnes absentes ; dans ce cas, le prêtre mettait le bout de l'étole sur l'autel. C'est assez prouver que les prêtres qui disaient ces évangiles, n'étaient ni plus éclairés, ni plus religieux que les personnes qui les leur faisaient dire. Saint *Gourgon* et saint *Lubin*, guérissent les douleurs.

Châtelliers-N.-D. (Les) :

Notre-Dame guérit les maladies des enfants ; sainte *Mesme*, les maux de tête.

Chuisnes :

Saint *Sanctin* guérit de la gale. (*Cf.* chap. I, § II : *Culte des Fontaines.*) Les malades enfoncent des épingles dans la statue du saint pour *fixer le mal.*

Combres :

Saint *Antoine* guérit de la peur et, par surcroît, les maladies des porcs. On va beaucoup en pèlerinage à Combres, non seulement à saint Antoine, mais aussi à saint Julien, (éruptions) à saint Roch, (peste) à saint Loup, à saint Arnoult, à saint Vrain, (convulsions) à saint Laurents, (mal de dents des garçons), à sainte Apolline, (filles), à saint Maur, (douleurs), à saint Marcou, (écrouelles).

Corancez :

Saint *Blaise* guérit les maladies des enfants ; saint *Laurent* guérit les maux de dents et favorise la dentition chez les enfants.

Coudray (*Le*), près Chartres :

Saint *Julien* guérit des dartres, du mal de saint Evroult et des fleurs de saint Julien.

Coudreceau :

Le 3 février, grand pèlerinage à saint *Blaise*, qui guérit les maladies des bestiaux. Dans la chapelle du château de Morissure, saint *Antoine* guérit les enfants de la peur.

Coulombs :

Au moyen âge, les moines de l'abbaye de Coulombs s'enorgueillissaient de posséder le saint Prépuce de Notre-Seigneur, qui rendait fécondes les femmes stériles et procurait d'heureux accouchements. La dévotion à cette relique a heureusement disparu, de même que le culte autrefois rendu à la *Larme du Christ*, au *Lait de la Vierge*, etc.

Courbehaye :

Sainte *Colombe* guérit des fièvres.

Croix du Perche (La) :

Saint *Blaise* empêche les vaches d'avorter. La personne qui vient l'invoquer, doit être à jeun.

*
* *

Dampierre-sous-Brou :

Saint *Maur* guérit des douleurs et fait cesser la stérilité des femmes.

Dreux :

Pèlerinage à saint *Gilles* contre la peur.

*
* *

Favril (Le) :

Saint *Evroult* contre le mal de ce nom.

Fontaine-la-Guyon :

La fête de saint *Gourgon*, le 9 septembre, est très fréquentée des pèlerins. On vient à saint Gourgon pour un grand nombre de maladies, mais spécialement pour la gale. Les malades doivent passer sous la châsse pour obtenir la guérison. Ils vont ensuite au cimetière faire leur prière et déposer une épingle sur un des bras de la croix qui est en fer. Cet acte a pour but de *fixer le mal* qui est censé déposé sur la croix et par conséquent enlevé à celui qui en souffrait.

Dans la même localité, saint *Ambroise* guérit des fièvres, de la gale et rend fécondes les femmes stériles. Là encore, les pèlerins enfoncent des épingles dans les portes de la chapelle pour *fixer le mal*.

Fontaine-Simon :

Pèlerinage à sainte *Anne*. (*Cf*. chap. I, § II : *Culte des Fontaines*.)

Fontenay-sur-Eure :

Saint *Eutrope* guérit de l'hydropisie et saint *Vrain* les enfants en langueur ou atteints de la coqueluche.

Fontenay-sur-Conie :

On va en pèlerinage à l'église pour avoir de la pluie.

Francourville :

Saint *Fiacre* guérit la dysenterie.

Frazé :

Saint *Mamers* guérit la colique ; saint *Leu* et saint *Gilles*, les convulsions.

Fresnay-le-Comte :

Pèlerinage à saint *Eutrope*, qui guérit des enflures et protège les enfants.

Frétigny :

Saint *André* guérit de la toux.

Friaize :

Saint *Blaise* est très en renom pour la guérison des bestiaux. La personne qui vient l'invoquer doit être à jeun. Vers 1850, toutes les communes avoisinantes offraient à ce saint le beurre fait avec le premier lait des génisses. Chaque dimanche, à l'issue de l'office, ce beurre était vendu à l'encan, et le produit employé au paiement des messes dites, dans le cours de l'année, pour la conservation des bestiaux.

*
* *

Gallardon :

Saint *Mathieu* guérit les enfants en langueur.

Gaudaine (La) :

Saint *Mammès* a le pouvoir d'empêcher les enfants de crier. On l'appelle saint *Criard*, et c'est sous ce nom populaire qu'il était autrefois connu dans la contrée.

Il y a également un saint *Criard* dans les églises de *Ceton* et de *Coulonges* (Orne). Dans cette dernière localité, les nourrices font toucher à la statue du saint une chemise que l'enfant doit porter pendant huit jours.

*
* *

Happonvilliers :

Saint *Blaise* a ici les mêmes prérogatives qu'à *Friaize*. Le jour de la fête du saint, on orne sa statue de branches de laurier : les pèlerins en détachent chacun une feuille qu'ils déposent dans un baquet plein d'eau, et ils font boire cette eau à leurs bestiaux, pour lesquels elle sert de préservatif contre toutes sortes de maux.

Houx :

Tous les ans, le jour de la Pentecôte, il y a un pèlerinage au hameau de Villeneuve, dans la chapelle dite de saint *Mamert* qui guérit de la colique.

Illiers :

Saint *Marcou* guérit des écrouelles.

*
* *

La Loupe :

S'il faut en croire la vieille tradition suivante, en ce temps-là, saint *Thibault* (autrefois seigneur de la Loupe, aujourd'hui son patron) et saint *Eliph* (seigneur d'un village voisin) vivaient en mauvaise intelligence :

Un jour, en revenant de la Loupe, saint Eliph entra dans le parc dont saint Thibault était propriétaire, pour y prendre quelques fraises. Ce dernier le surprit et lui trancha la tête d'un coup de sabre. Comme saint Denis, saint Eliph reçut sa tête dans ses mains et la porta jurqu'à son village. Après ce miracle, saint Eliph fut béatifié et les habitants du village le prirent pour patron.

Est-ce à cause de cet acte cruel que saint Thibault ne jouit dans la contrée d'aucune célébrité ? Cependant quelques pèlerins viennent l'invoquer contre *les feux* qui portent son nom.

Il y a un demi-siècle, Leroux de Lincy écrivait : « Saint Thibault de La Loupe qui ne maudit n'y n'absout (*sic*). » D'après lui, on dit dans la contrée de ceux qui ne peuvent faire ni bien ni mal : « Ils sont comme saint Thibault de la Loupe, ils ne maudissent n'y n'absoudent. »

Lèves :

Pèlerinage le vendredi qui précède le dimanche de la Passion à Saint *Lazare* qui guérit de la rage, des rhumatismes et fait parler et marcher les petits enfants.

Dans la même localité, on invoque saint *Gilles* qui guérit de la peur. Sa statue est placée dans une niche d'un mur de la ferme du Bois-de-Lèves. On noue des rubans aux barreaux de la grille de la niche.

Levéville-la-Chenard :

On conduit à l'église les enfants qui ont le *carreau* (ventre ballonné).

Louville-la-Chenard :

Saint *Pie*, dont la châsse est dans l'église, guérit des maux de tête.

Lucé :

Saint *Pantaléon* donne du lait aux nourrices (*Cf.* IIIe partie, chap. Ier, § V : *Les Nourrices*).

Il préserve, en outre, des couleuvres tout le territoire de sa paroisse.

Luisant :

Saint *Gilles* guérit de la peur.

A Bonneval, on associe saint Gilles et saint Leu ; à Luisant, pour que la guérison soit complète, il faut invoquer : saint *Gilles*, dans la paroisse ; saint *Loup* et saint *Arnoult*, aux villages qui portent ces noms. Luisant possède aussi saint *Fiacre*, qui guérit les enfants affligés d'une descente de rectum.

Lumeau :

Saint *Loup* guérit de la peur.

Luplanté :

Sainte *Philomène* guérit les maladies des enfants.

*
* *

Maintenon :

Saint *Mamert* guérit de la colique.

Mainvilliers :

On va dans cette commune à l'oratoire de la *Vierge* des *Vaux-Roux* qui guérit particulièrement les fièvres. (Lors du service septénaire, elle faisait obtenir de bons numéros aux jeunes conscrits). Les *fiévreux* attachent des rubans aux barreaux de la grille pour *fixer le mal*.

Marchéville :

Saint *Blaise* a les mêmes prérogatives qu'à *Friaize* ; sainte *Barbe* préserve de la grêle et de la foudre.

Margon :

Saint *Gilles* guérit les maladies des enfants.

Marolles :

Sainte *Barbe* guérit de la fièvre

Après les prières d'usage et la cérémonie de l'évangile, les pèlerins accomplissent la pratique superstitieuse suivante : ils grattent avec un couteau le mur de la chapelle, mêlent dans un verre d'eau la poussière ainsi obtenue, et boivent cette potion pour se guérir de la fièvre.

Méréglise :

Sainte *Corneille* guérit les enfants du *mal bleu* qui leur fait pousser des cris de corneille (c'est l'angine couenneuse).

Meslay-le-Grenet :

Pèlerinage très fréquenté à *saint Blaise*, pour la conservation des bestiaux.

Mignières :

Grande affluence de pèlerins chaque année, les 22 mai et 22 octobre, à la *chapelle des Trois-Marie*, classée comme monument historique pour sa peinture murale. Les *Trois-Marie* guérissent des fièvres, de la colique et d'une foule d'autres maux.

La chapelle a deux entrées ; or, d'après une ancienne légende, les deux portes ne pouvaient se fermer en même temps : l'une restait ouverte pendant que l'autre se fermait, et cela forcément, par suite d'une puissance occulte. Aujourd'hui, les deux portes se ferment bien simultanément, et le bedeau en a les clefs.

Mittainvilliers :

On va à l'église pour faire marcher les petits enfants.

Moinville-la-Jeulin :

Saint *Ban* guérit les panaris.

Montainville :

Pèlerinage, le 27 septembre, à saint *Côme* et saint *Damien* qui guérissent des hémorrhoïdes.

Montharville :

Pèlerinage, le 8 septembre, à saint *Vrain* qui guérit les enfants du mal de ce nom. On dit qu'ils sont *attachés du bon saint Vrain* ; ils portent, jusqu'à sept ans, un cordon violet, que l'on a fait bénir.

Montigny-le-Chartif :

Pèlerinage à saint *Lié* et à saint *Délié*. Ce dernier délie les nerfs; on l'invoque pour les enfants *noués*. On retrouve, au Perche, ces mêmes saints, sous les noms de saint *Féli* (Félix) et saint *Déli*.

Montigny-le-Gannelon :

Sainte *Félicité* et sainte *Philomène* attirent, en cette localité, nombre de pèlerins qui viennent demander la guérison des maladies des enfants : la peur, les maux de dents, etc.

Montlouet :

Saint *Léonard*, appelé vulgairement saint *Fort*, fortifie les enfants.

Morancez :

Saint *Germain* guérit la colique chez les enfants.

Moriers :

Saint *Antoine* guérit les feux de Saint-Antoine, et sainte *Anne* les boutons de Sainte-Anne.

Moulbard :

Saint *Marcou* guérit les écrouelles.

*
* *

Nogent-le-Rotrou :

L'église Notre-Dame possédait autrefois sainte *Venice (Cf.* IIe partie. chap. II, § III : *Cathédrale*). A l'église Saint-Laurent, sont invoqués saint *Gilles*, dit saint *Criard* ; sainte *Apolline*, contre les maux de dents ; saint *Féli* et saint *Déli*, pour les enfants noués ; le patron, saint *Laurent*, guérit la colique et les maux de dents. Dans l'ancienne église abbatiale de Saint-Denis, saint *Boudard* et saint *Criard* guérissaient autrefois, chez les enfants, les deux défauts représentés par les statues.

Nonvilliers-Grandhoux :

Dans l'église paroissiale, saint *Gourgon* guérit les douleurs et saint *André*, la coqueluche.

Dans l'église de Grandhoux, saint *Julien* est invoqué contre les convulsions des enfants.

Orgères :

Saint *Vrain* guérit chez les enfants le mal de Saint-Vrain.

Orrouer :

Saint *Evroult* guérit du *mal* et des *fleurs* de Saint-Evroult.

Ouarville :

Le 1er dimanche de mai, les mères font passer, sous la châsse, leurs petits enfants, pour les *faire marcher.*

*
* *

Pézy :

Saint *Taurin* donne de la pluie; saint *Blaise* guérit les bestiaux.

Pré-Saint-Evroult :

Lieu de pèlerinage très fréquenté pour guérir du *mal* et des *fleurs* de Saint-Evroult, chose vague qui comprend : eczémas, furoncles, pustules, dartres, tumeurs blanches, etc. Saint Evroult est un de ces saints qui sont à la fois dispensateurs et guérisseurs de la maladie qui porte leur nom. Chaque année, le dimanche précédant la fête de l'Ascension, des milliers de pèlerins, formant la population rurale la moins éclairée, viennent invoquer saint Evroult. Le jeûne, la marche du voyage, le changement de régime, et la foi aidant, des guérisons sont opérées, dont le saint bénéficie.

Du canton de Voves, on va à *Saint-Évroult* pour guérir à la fois des *fleurs* du dit saint, des *feux* de saint *Antoine* et des *boutons* de sainte *Anne* ; mais il faut passer par l'église de Moriers. D'autres personnes croient que, pour guérir sûrement, il faut invoquer successivement : saint *Evroult*, à Pré-Saint-Evroult, saint *Julien*, au Coudray, près Chartres, et saint *Arnoult*, à Saint-Arnoult-des-Bois.

Réclainville :

Saint *Pierre* guérit divers maux.

*
* *

Saint-Arnoult-des-Bois :

Le 18 juillet, pèlerinage pour la guérison des fleurs de Saint-Evroult. Le 26 juillet, pèlerinage à saint *Anne* qui guérit des fièvres.

Saint-Avit (près d'Illiers) :

Pèlerinage à La Croix, près d'Eguilly, pour invoquer sainte *Mabile* (Cf. *Culte des Fontaines*).

Saint-Cloud :

Saint *Cloud* guérit les clous ou furoncles.

Saint-Denis-d'Authou :

Saint *Cyr* et saint *Laurent* guérissent des coliques. Les femmes enceintes vont en pèlerinage à la Chapelle de *Sainte-Délivrance.*

Saint-Denis-des-Puits ;

Saint *Denis*, au fond d'un puits très profond, guérit de la rage (Cf. § II, *Culte des Fontaines*).

Saint-Eliph :

Notre-Dame guérit douleurs et blessures (Cf. *Culte des Fontaines*).

Saint-Eman :

Pèlerinages nombreux à saint *Eman* qui donne la pluie (Cf. *Culte des Fontaines*). Autre pèlerinage, le 30 avril, à saint *Eutrope* qui guérit de l'hydropisie. Avant de partir en pèlerinage, le malade doit prendre un écheveau de fil et se le passer trois fois autour du cou et le long du corps, de haut en bas. Il doit avoir soin de ne pas faire parcourir au fil la direction inverse : cette erreur ferait *remonter le mal*. Il se fait dire un évangile à saint Eutrope et trempe, dans la fontaine de saint Eman, un ruban qu'il porte pendant neuf jours.

Saint-Jean-Pierre-Fixte :

Les 23 et 24 juin, grande affluence de pèlerins auprès de saint *Jean-Baptiste* et à la fontaine (Cf. *Culte des Fontaines*). On invoque, dans la même église, sainte *Christine*, pour les enfants noués.

Saint-Loup :

Saint *Loup* et saint *Gilles* guérissent de la peur. Dans la chapelle de *la Bourdinière*, saint *Jean-Baptiste* est invoqué pour les bestiaux.

Saint-Luperce :

Saint *Luperce* fait marcher les enfants (Cf. *Culte des Fontaines*).

Saint-Maur :

Saint *Maur* guérit des douleurs. Pèlerinage le 15 janvier.

Saint-Prest :

Saint *Prest* est invoqué pour les maladies des enfants. (Cf. *Culte des Fontaines.*)

Saint-Victor-de-Buthon :

Saint *Gilles* guérit de la rage et de la peur.

*
* *

Sandarville :

Saint *Jouvin* guérit les enfants atteints de hernies. Certains pèlerins superstitieux complètent les cérémonies religieuses par la coutume suivante : ils enterrent un œuf sur la fosse d'un garçon : quand l'œuf est pourri, le malade est guéri.

Santeuil :

Pèlerinages à sainte *Philomène* et à saint *Gilles* pour les convulsions, la peur, etc., chez les enfants.

Senantes :

Sainte *Geneviève* guérit des fièvres (Cf. *Culte des Fontaines*).

Senonches :

Saint *Cyr* fait marcher les enfants.

Soizé :

Certains paysans viennent invoquer saint *Gilles* et lui mettent des rubans pour obtenir une bonne venue en faveur des petits cochons.

Souancé :

Saint *Georges*, patron de la fontaine (Cf. *Culte des Fontaines*).

Sours :

Saint *Germain* est invoqué pour les enfants

*
* *

Theuville :

Saint *Ouen* guérit de la surdité.

Thieulin (Le) :

Saint *Fiacre* est invoqué pour obtenir des enfants mâles.

Thiron :

Saint *Evroult* guérit les *Fleurs* de saint Evroult, les convulsions des enfants et les maladies des moutons. On amène les moutons, dans l'église même, le premier vendredi de carême. A l'autel de tous les saints, on invoque saint *Antoine* pour les maladies des bestiaux.

Thivars :

Sainte *Radegonde* guérit des dartres.

Vaupillon :

La chapelle de saint *Hubert*, bâtie en 1630, a été consacrée à ce saint, auquel on se recommandait contre les loups enragés, très nombreux, à cette époque, dans la contrée.

Ver-lès-Chartres :

Saint *Victur* et saint *Caprais*, patrons de fontaines autrefois réputées, sont aujourd'hui bien délaissés (Cf. *Culte des Fontaines*).

Villars :

Saint *Blaise* guérit les tranchées des chevaux.

Villeneuve-Saint-Nicolas :

Saint *Maur* guérit des douleurs.

Villiers-Saint-Orien :

Sainte *Christine* fait parler les enfants. On fait bénir une brioche, dont l'enfant mange pendant les neuf jours de la neuvaine.

Villebon :

Saint *Jean-Baptiste* est invoqué pour les agneaux.

Voves :

Sainte *Philomène* guérit les maux de tête.

Yèvres :

Sainte *Claire* guérit les maux d'yeux ; saint *Constant* guérit de la fièvre. La fontaine de la *Boëche* lui a été dédiée (Cf. *Culte des Fontaines*).

*
* *

Dans la région percheronne de l'Orne, voisine d'Eure-et-Loir, on va en voyage :

A *Condeau*, au bon saint *Gilles* qui guérit les convulsions chez les enfants et l'épilepsie chez les adultes ;

A *Saint-Agnan-sur-Erre*, pour la *riffle* des enfants et les maladies de peau en général ;

A *Saint-Germain-des-Grois*, à *Saint-Quentin-le-Petit* (réuni à Nocé), à *Saint-Pierre-La-Bruyère* : on se rend dans ces localités, le 3 février, jour de saint Blaise ; une messe y est dite à l'intention des bestiaux de la ferme. Après la messe, les fervents se font dire un évangile, à la même intention.

A *Saint-Germain-des-Grois*, il existait autrefois un *bâton de saint Blaise* (sorte de bâton surmonté d'une châsse). Chaque famille tenait à honneur d'avoir, au moins pendant une année, la garde de ce précieux bâton qui portait bonheur ; le jour de la fête paroissiale, cette famille offrait le pain bénit à l'église. Il y a environ un demi-siècle, un brave Percheron, possesseur du précieux talisman, le rendit à son curé, avant l'expiration de l'année, en disant qu'il n'en voulait plus, *attendu qu'il avait laissé crever son viau*. Depuis lors, le bâton fut moins recherché et la coutume finit par disparaître.

Il existait autrefois, — jouissant du même privilège et des mêmes honneurs — à *Condeau*, le bâton de *saint Gilles*, et à *Verrières*, le bâton de sainte *Barbe*.

CHAPITRE III

LA MÉDECINE EMPIRIQUE :

REBOUTEURS ; PANSEUX DE SECRET ;
REMÈDES POPULAIRES.

§ I. — *Rebouteurs, Renoueurs, Rhabilleurs.*

Nous avons vu, dans les deux précédents chapitres, nombre de préjugés, mêlés à la foi religieuse, dont la pratique est tellement enracinée depuis des siècles, qu'elle subsiste toujours, quoique cependant à un degré moindre. Ce chapitre de la *Médecine Empirique* est la transition naturelle qui nous conduira à la *Sorcellerie*.

Il ya, dans l'esprit aveuglément crédule de certains paysans, une couche d'ignorance, un fonds de superstition, l'attrait du merveilleux, l'espoir d'une intervention surhumaine, et même un peu d'avarice, qui les font, pour obtenir la guérison, s'adresser à tout, choses, reliques et gens, plutôt qu'au médecin. Il existe, pour eux, une réelle affinité entre le *toucheur*, au *secret* duquel ils font appel, le *sorcier*, dont la puissance occulte les effraie, et le *saint* qu'ils invoquent, parce que telle circonstance de sa vie et la consonnance de son nom offrent quelque rapport avec la maladie : saint Raboni, saint Aignan (saint Teignan), saint Genou, saint Eutrope.

N'ont-ils pas, chacun, (toucheur, sorcier ou saint) une spécialité médicale ? Ne possèdent-ils pas, avec le pouvoir de les guérir, le don de provoquer les maladies ? Les Gaulois n'avaient-ils pas déjà les *sorciers-médecins*, et les sources dédiées aux dieux guérisseurs ? C'est donc par pur atavisme que ces compatriotes attardés conservent leur confiance aux empiriques et aux panacées qui doivent les guérir ou les préserver de toute maladie.

*
* *

Tous ces charlatans, sans aucun savoir, mais avec beaucoup de savoir-faire, étaient possesseurs de *secrets* ou de *recettes* de famille qui se transmettaient de père en fils. Parmi les *Rebouteurs*, *Renoueurs*, et *Rhabilleurs* de notre contrée, les membres de la famille Goupil, d'Alluyes (E.-et-L.), ont eu, au siècle dernier, une célébrité que n'a jamais atteinte aucun chirurgien. Ils déboitaient, remboitaient, disloquaient les membres avec une habileté, qui n'avait d'égale que la confiance des patients. Dès leur jeunesse, les enfants Goupil (garçons et fille) venaient en aide à leur père dans les opérations que ce dernier effectuait. Ils s'initiaient ainsi à l'*art* qu'ils devaient plus tard exercer en d'autres localités.

A la moindre luxation, à la moindre foulure, on courait chez Goupil qui, dans un simulacre d'importante opération, déboitait et remboitait le membre luxé ou foulé. Le public, trompé par ces vaines et douloureuses prouesses, chantait ses louanges, vantait son adresse et revenait le trouver dans les cas plus graves. Alors, la pratique et le hasard aidant, des cures étaient obtenues ; mais combien de malheureux sont sortis estropiés de ses mains ? On cachait ces accidents qui, lorsqu'ils étaient connus, tournaient encore à la gloire de l'opérateur : la cassure était trop profonde, telle aggravation, impossible à prévoir, était survenue, le malade était venu trop tard, un véritable chirurgien n'eût pu faire mieux !

Malgré sa grande réputation, la famille Goupil ne possédait pas le monopole exclusif du rhabillage : dans la Beauce, les maréchaux-ferrants et les bergers ; dans le Perche, les tisserands se livraient à cette fantaisiste et dangereuse spécialité. A Chartres, ainsi que dans beaucoup d'autres villes, le bourreau (!) exerçait clandestinement le métier de rebouteur ; il vendait de la *graisse humaine* : c'était, disait-on, un remède souverain contre les douleurs articulaires et surtout contre le lumbago.

§ II. — *Toucheurs : Marcous.*

La croyance populaire prête à certains hommes le privilège de guérir des maladies, (écrouelles, entorses, dartres, etc.) soit par leur contact, soit par des paroles secrètes, accompagnées de signes cabalistiques ; ce sont les *guérisseux*, les *toucheux*, les *panseux de secret.*

Parmi ces esculapes d'occasion, les uns *pansent du velin* (venin) ; les autres *pansent des dartres* ; du *résipère* (érésipèle) ; du *mal d'écharpe ;* etc., etc. *Panser*, dans toutes ces expressions, a la valeur de *guérir, traiter.* Les uns emploient une médication composée de drogues quelconques ; les autres se contentent de signes et de paroles magiques ; d'autres enfin pratiquent l'une et l'autre de ces deux méthodes. Presque tous se sont imposés à la crédulité publique par leur audace ; quelques-uns seulement tiennent leur prérogative des circonstances de leur naissance : ce sont les *Marcous*.

Les *Marcous* exercent leur petite industrie depuis plusieurs siècles. J.-B. Thiers les tient comme suspects de magie et condamne leurs procédés. « Plusieurs, dit-il, croient qu'en France, les septièmes garçons nés de légitimes mariages, sans que la suite ait été interrompue par la naissance d'une fille, peuvent guérir des fièvres tierces, des fièvres quartes et même des écrouelles, après avoir jeûné trois ou neuf jours avant de toucher les malades. »

Le nom de *Marcou* vient de ce que saint *Marcou* est célèbre par sa spécialité de guérir les écrouelles.

Les rois de France ont joui, de temps immémorial, de la faculté de guérir, par leur attouchement, cette maladie d'humeurs acrimonieuses. N'ayant pas à leur disposition le doigt d'un souverain, les Beaucerons et les Percherons se contentaient d'un *Marcou*.

*
* *

Nous ne savons ce qu'est devenu le *marcou* Octave Delafoy, de Réclainville (E.-et-L.), que nous avons connu, en notre jeune âge ; peut-être *exerce*-t-il encore son lucratif métier en quelque coin de la Beauce ? En dehors du régime qu'il imposait à ses malades, il faisait, lui-même, dans certains cas, un voyage auprès du marcou de Mignières qui était alors le doyen des Marcous de la région et, à ce titre, possédait certains avantages sur ses confrères, plus jeunes que lui. Très jeune, sans expérience, sachant à peine lire, le marcou Delafoy se bornait — simple plagiaire — à ordonner à ses malades le régime qu'imposait aux siens un de ses devanciers, Nérée, marcou beauceron, né au hameau de Vovette, commune de Theuville (E.-et-L.). Voici l'ordonnance hygiénique de cet empirique, telle que l'a relatée M. *E. Menault*, dans la *Gazette des Hôpitaux*. Nous en donnons la copie textuelle :

Régime que doivent tenir les pèlerins.

« 1° Après qu'ils ont fait leur neuvaine, « les pèlerins doivent s'abstenir d'oignons, « choux, pois, poireaux, *chaire* salée, oi- « seaux, et de toute aigreur, jusqu'à ce « qu'ils soient guéris.

« 2° Ils doivent se garder toute leur vie de « manger anguilles, tanches, barbeaux, lam- « proies et de tout poisson de limon, ni de « chèvres, ni de *cannes*, ni de ce qui en « provient, ni aucune espèce de tête, ni de « pois *chiches*, ni de lentilles.

« 3° Ils doivent *garde* les fêtes de saint « Marcoul, la première, le 1er mai, la « deuxième, le 7 juillet, et la troisième, le « 2 octobre. Ils doivent, chaque année, en- « voyer 6 liards pour acquitter leur con- « frérie en l'église Saint-Pierre de Chartres.

« 4° Ils peuvent user de toutes les dou- « ceurs, telles que lait, miel, viande de porc « mâle, *guerre* salée, des œufs, mais ôter le « germe, du fromage blanc bien *égouté*, ne « *boir* que de l'eau, mais un peu rougie. Si « l'on veut, de la soupe au lait, aux fèves, « aux navets, à la crème douce ; des pommes

« de terre et des poires douces, ôter les pé-
« pins ; des pruneaux, ôter les noyaux ; du
« raisin bien mûr, ôter les pépins.

5° « On peut encore manger poulet, la-
« pin, *salsifie*, asperges, *bartichauts*, salade,
« *guerre* de vinaigre. »

Tel était le fameux régime que le *marcou*, Nérée, ordonnait à ses clients, après les avoir gardés en pension, au moins pendant neuf jours, au cours desquels il leur faisait le matin, à jeun, force attouchements sur les parties malades. Les clients payaient généreusement et s'en allaient pleins de confiance. Si, plus tard, la maladie réapparaissait, ils revenaient, avec la même foi naïve, vers l'opérateur dont le prestige n'était nullement atteint par les insuccès. On ne guérit pas un malade de ses croyances superstitieuses.

§ III. — *Toucheurs : Guérisseux, Panseux de Secret.*

Les Marcous, êtres *privilégiés de naissance*, n'étaient pas les seuls *toucheurs* de la contrée. Les *guérisseux*, possesseurs de secrets magiques, d'onguents prétendus efficaces, de formules médicamenteuses, soi-disant merveilleuses, étaient en grand nombre jusqu'au milieu du siècle dernier. Ils exerçaient leur art en toute liberté et vendaient leurs produits, parfois dangereux, en toute impunité.

Les *secrets* sont de deux natures différentes. Le toucheur, appelé aussi *panseux* ou *guérisseux*, opère au nom de Dieu ou d'un saint, ou bien au nom du diable ou de l'un de ses suppôts. Dans les deux cas, le *toucheur*, par son *secret*, contraint la puissance surnaturelle invoquée, quelle qu'elle soit, à intervenir.

Le *toucheur* garde précieusement son *secret;*

il l'a reçu de son père et le transmettra à son fils aîné. En dehors de la famille, le *toucheur* ne peut apprendre son *secret* qu'à une personne plus vieille que lui. Le *secret* comprend les signes cabalistiques, les paroles magiques et presque toujours la composition d'un onguent ou d'un médicament, qui doit achever la guérison.

Les signes et les paroles n'ont d'autre portée que celle d'en imposer au malade et de donner aux opérations une sorte de solennité. Les médicaments augmentent les petits bénéfices de l'opérateur.

Les formules magiques consistent surtout dans la répétition des mêmes syllabes, des mêmes mots dépourvus de tout sens.

*
* *

On guérit les entorses en prononçant les paroles suivantes : *Anté, anté, super anté, anté super anté té.* La formule se répète trois fois ; elle est la même pour les personnes et pour les animaux.

Les brûlures, disent les toucheurs, agrandissent pendant neuf jours, si on ne les fait pas toucher. Elles doivent disparaître devant cette incantation :

Feu de Dieu
Apaise tes chaleus (chaleurs)
Comme Judas perdit ses couleus (couleurs)
Au jardin des Olives
Lorsqu'il trahit notre Seigneur.

La *forçure*, ou tour de reins, a disparu après ces paroles : *Forçure, reforçure, je te force et reforce.*

Le toucheur de dents pose un clou neuf sur la dent malade, en marmottant des prières ; il enfonce ensuite ce clou dans une porte, une poutre ou une solive. C'est ainsi qu'opère encore actuellement Mme Paragot de Moinville-la-Bourreau (E.-et-L.).

La Beauce et le Perche ont eu plusieurs familles qui s'arrogèrent le pouvoir de guérir la teigne, la gale, la *maille*, le charbon, etc. Fauconnet, de Pont-Tranche-Fétu, soignait l'hydrophobie par une médication si énergique qu'elle avait plus de chance de donner la folie que d'enlever la rage.

Les *toucheurs* d'entorses et de foulures existaient dans presque chaque commune : pour *opérer*, ils devaient être à jeun. La plupart touchaient de leur pied nu (droit ou gauche) le pied nu (gauche ou droit) du malade. Ils formaient, avec le gros orteil, certains signes et marmottaient quelques paroles. Les frictions et le repos faisaient le reste. A Réclainville, Esther Lânon, femme Corlay, guérit encore les entorses.

*
* *

Un charpentier de Gallardon avait la spécialité de guérir du *mal d'écharpe*, (sorte de tumeur dont nous regrettons de ne pouvoir donner la définition exacte) avec le vent de sa cognée. Ce guérisseur accomplissait avec sa hache certains rites bizarres : il la brandissait au-dessus de la tête du patient ; il faisait, trois fois, le simulacre d'en frapper le siège du mal ; il touchait la tumeur ; enfin il passait et repassait sa hache au-dessus du mal, et le *vent* produit par ces mouvements achevait la guérison.

Le charpentier de Gallardon eut, jusqu'en ces années dernières, un adepte dans la personne du charron de Châtenay (E.-et-L.).

Le charbon, autrefois très fréquent dans nos plaines de Beauce, était dû à ce que, par ignorance, on n'enfouissait pas assez profondément les animaux morts de cette maladie. Effrayés, à juste titre, par ce terrible mal, les paysans, au moindre bouton douloureux et enflammé, avaient recours aux guérisseurs. Ceux-ci, profitant de la confusion établie entre un simple furoncle et la pustule maligne, s'attribuaient facilement des cures merveilleuses. Les bergers et les maréchaux-ferrants étaient experts dans le traitement du charbon.

Les Percherons appellent *estomac chu*, les vomissements répétés des enfants ou des adultes. Ils vont trouver le guérisseur qui doit être à jeun (toujours !) ; une tierce personne peut se présenter aux lieu et place du malade. Le guérisseur, après une feinte auscultation du malade, se livre à des contorsions effroyables, afin, dit-il, de se décrocher aussi l'estomac : car l'*estomac chu* n'est autre, pour les paysans, que l'estomac *décroché*. Ensuite, avec les mêmes contorsions, il remet son estomac en place : coût moyen, deux francs, et le traditionnel *cafeu* (café) largement additionné de *berluche* (eau-de-vie de cidre).

*
* *

Une catégorie de guérisseurs, non moins célèbres que les précédents, découvrait dans les urines la cause et les symptômes de la maladie et les moyens de guérison : c'étaient les *médecins aux urines*, appelés plus communément *jugeux d'eaux*. La femme Virlouvet acquit, dans cette spécialité, une grande réputation à La Bazoche-Gouët et à Allonnes (E.-et-L.).

Un berger de Nogent-le-Phaye (E.-et-L.) eut, pendant quelque temps, la réputation d'un bon *jugeux d'eau*. Comme tous ses collègues en charlatanisme, il employait des plantes plus ou moins médicinales pour la préparation de ses remèdes : l'*armoise* était sa plante préférée.

Les Beaucerons n'ont plus de *jugeux d'eaux* dans le pays chartrain. Les partisans de ce mode de guérison se rendaient, récemment encore, aux Loges (Sarthe), ou à Condé-sur-Huisne (Orne).

Tous ces guérisseurs possédaient, outre le pouvoir de guérir une maladie spéciale, celui de *barrer le mal*, lorsque ce mal n'était pas de leur compétence. *Barrer le mal*, ce n'était pas le guérir, c'était seulement en arrêter subitement les progrès. On pouvait encore souffrir d'un mal *barré*, mais il n'augmentait plus désormais.

*
* *

Est-il besoin d'ajouter que ces charlatans sont les simples continuateurs de ces exploiteurs de la crédulité populaire, qui ont existé dans tous les temps et dans tous les pays ? L'antiquité a eu ses mages qui pratiquaient cette science occulte, basée sur l'invocation des dieux et des esprits. Les Egyptiens, les Perses, les Grecs, les Romains ont employé la puissance des conjurations. Les Gaulois avaient les druides et les druidesses qui excellaient dans l'art de guérir tous les maux. Le moyen âge a eu ses *remégeuses*, (*mège*, en ancien français, signifiait médecin opérateur) dans la personne des châtelaines.

Dans ces croyances superstitieuses, nous nous heurtons toujours à l'atavisme, à cette ignorance séculaire que les bienfaits de l'instruction sont heureusement appelés à vaincre dans un délai très rapproché. Car, si nous pouvons rire des signes et des paroles magiques, mais inoffensifs, des *toucheurs ;* si nous pouvons être indulgents pour certaines recettes médicales anodines des *guérisseurs* (de même pour les remèdes de commères indiqués dans le paragraphe : *Remèdes populaires)*, nous devons attaquer à outrance les préjugés et les erreurs populaires, les opérations dangereuses pratiquées et les substances nuisibles délivrées par les charlatans et qui peuvent porter atteinte à la santé, souvent à la vie même, de nos semblables.

§ IV. — *Somnambules.*

 cette nomenclature de charlatans, il convient d'ajouter encore les *somnambules*, appelées aussi *dormeuses* : ce rôle est presque exclusivement joué par une femme.

Pour certains paysans, la somnambule tient du sorcier et du médecin ; c'est un être privilégié jouissant, dans son sommeil magnétique, du don de prophétie et de divination. C'est avec une confiance aveugle que les naïfs s'adressent à la somnambule. Son pouvoir merveilleux est presque sans bornes. Dans son état de somnambulisme, elle découvre le siège et la nature du mal, elle précise la médication infaillible, et cela, au simple toucher d'un objet quelconque ayant été porté par le malade, d'un seul cheveu de celui-ci. Par le même procédé, aussi commode qu'expéditif, elle découvre les objets perdus ou volés, elle dévoile les mystères de l'avenir. Elle prédit au jeune campagnard le numéro qu'il tirera pour la conscription, la couleur des cheveux de sa future, le nombre des enfants qui naîtront de son mariage, le gros héritage qu'il fera d'un parent éloigné, et souvent ignoré, etc., etc. Elle étend ses consultations jusqu'aux maladies des bestiaux, et ses prophéties jusqu'aux mercuriales des grains. Elle excelle dans tous les genres ; ses réponses sont décisives ; ses remèdes sont efficaces ; ses oracles sont irréfragables, aussi bien dans les diagnostics que dans la *bonne aventure*.

*
* *

Soit qu'il se rende au domicile de la *dormeuse*, soit qu'il monte dans sa *roulotte*, un jour de foire, le paysan crédule répond naïvement aux questions insidieuses qui lui sont tout d'abord posées ; il écoute religieusement les paroles de la pythonisse ; et il sort de là, joyeux, sans avoir vu les signes d'intelligence échangés entre l'habile compère et sa complice. Car, pas de somnambule sans l'indispensable compagnon qui questionne d'abord et dicte ensuite la réponse. Si ce dernier a pu recueillir auprès du naïf une provision suffisante d'informations, les réponses de la sybille seront claires et précises ; elles resteront vagues et générales, dans le cas contraire.

Parmi les somnambules beauceronnes du siècle dernier, celle de Vilquier (commune de Saint-Denis-des-Ponts), et celle de Bronville, (commune du Gault-Saint-Denis) ont eu une certaine célébrité au pays Dunois. Leur réputation fut cependant éclipsée par celle d'une servante d'Oysonville (canton d'Auneau), bien connue alors de toute la Beauce.

Le succès inexpliqué de cette dernière réside peut-être entièrement dans la modique rémunération qu'elle exigeait des consultants : prix fixe, soixante-quinze centimes !

Moins merveilleusement douées que leurs

sœurs des foires et marchés, nos sybilles beauceronnes guérissaient volontiers bêtes et gens ; mais leurs prophéties n'allaient pas au-delà des cours (un an à l'avance) des grains et des laines.

§ V. — *Visionnaires.*

Bien que l'état pathologique des *visionnaires* soit tout différent de celui des somnambules, la célébrité acquise par ceux-ci nous amène à parler de ceux-là.

La Beauce eut ses visionnaires, et si leurs apparitions furent contestées par un grand nombre d'incrédules, elles comptèrent, hélas ! beaucoup de croyants dans le monde des naïfs et des dévots. Parmi les visionnaires beaucerons, nous mentionnerons spécialement Martin (1) de Gallardon, dont les apparitions et les prophéties occupèrent pendant longtemps l'opinion publique. Ses prophéties, publiées à plus de dix éditions, traduites en allemand, en anglais, en italien, parurent, en outre, dans tous les ouvrages

(1) Martin (Thomas-Ignace), né à Gallardon, le 18 février 1783.

catholiques du milieu du XIXe siècle. Voici succinctement rapportés, les faits étranges sur lesquels nous laissons à nos lecteurs du XXe siècle le soin d'émettre leur opinion.

On était en 1816, après la deuxième Restauration ; la *Terreur Blanche* régnait sur toute la France. Les partisans de la République et ceux de l'Empire, confondus sous la qualification, alors injurieuse, de *Libéraux*, étaient surveillés, dénoncés, persécutés par les *Blancs* ou *Ultra-Royalistes*. La fièvre Bourbonnienne, surexcitant les esprits, sévissait jusque dans les moindres bourgades : elle influa vraisemblablement sur le cerveau de notre héros.

Martin, marié, père de quatre enfants en bas âge, était *aricandier* (1) et vivait honorablement, mais péniblement, du fruit de son travail, dans la petite ville de Gallardon (Eure-et-Loir). Le 15 janvier 1816, Martin était seul dans la plaine , occupé à

(1) Voir ce mot au tome II : IIIe partie, chap. IV, § 1.

répandre du fumier sur une de ses pièces de terre lorsqu'il aperçut, tout à coup, auprès de lui un personnage étrange. Grand, fluet, imberbe, revêtu d'une longue redingote blonde boutonnée jusqu'au bas, coiffé d'un chapeau à haute forme, l'inconnu lui dit, sans autre préambule : « Il faut que vous alliez trou-
« ver le roi ; que vous lui disiez que sa per-
« sonne est en danger, ainsi que celles des
« princes ; que de mauvaises gens tentent
« encore de renverser le gouvernement ;
« que plusieurs écrits ont déjà circulé.. ;
« qu'il faut qu'il relève le jour du Seigneur. ..,
« qu'il abolisse et anéantisse tous les dé-
« sordres qui se commettent dans les jours
« qui précèdent la sainte quarantaine : sinon
« toutes ces choses, la France, tombera
« dans de nouveaux malheurs. »

Martin, effrayé tout d'abord, écouta cependant avec attention le langage de l'étranger dont la voix était douce et insinuante. Il lui répondit naïvement : « Pour faire votre
« commission au roi, vous pouvez bien y
« aller vous-même. Pourquoi vous adressez-
« vous à un pauvre homme comme moi,

« tandis qu'il n'en manque pas d'autres et « de plus savants ? »

— « Ce n'est pas moi qui irai, reprit l'in- « connu, mais ce sera vous ; écoutez-moi « bien, faites tout ce que je vous recom- « mande. »

Après ces dernières paroles, le personnage fantastique disparut : « son corps, se rapetissant insensiblement, prenant une forme vaporeuse, devint invisible. »

Dès le soir, Martin alla voir M. Laperruque, curé de Gallardon, « pour savoir ce que cette vision pouvait signifier ». Celui-ci crut, avec raison, à un moment d'hallucination de la part de son paroissien ; il prit cependant note du discours de l'inconnu. Mais de nouvelles apparitions survinrent à Martin : le 18 janvier, dans sa cave ; le 19, dans sa cuverie ; le dimanche 20, à l'entrée de l'église ; le 24, dans son grenier. Cette fois, le mystérieux messager tutoie Martin : « Fais selon ma « commande, il n'est que temps, lui dit-il, « d'un ton ferme. »

*
* *

Tenu au courant de ces apparitions successives, le curé de Gallardon, intrigué lui-même, envoya Martin vers son supérieur, qui était alors l'évêque de Versailles.

Le 30 janvier, Martin se trouvant encore en face de l'inconnu lui demanda son nom. « Quant à mon nom, répondit-il, il restera « inconnu ; quant au nom de celui qui « m'envoie, il est au-dessus de tout ! » Et du doigt, il montra le ciel.

Durant le mois de février, nouvelles apparitions et nouvelles insistances de l'étranger. Le 5 mars, Martin est appelé auprès du Préfet et, deux jours après, auprès du Ministre de la Police En présence de ces deux personnages, Martin répondit simplement et placidement aux questions insidieuses qui lui furent posées ; il renouvela exactement ses dires au sujet de l'inconnu qui lui apparut avant chacune de ces audiences.

Le 9 mars, l'être mystérieux se manifesta à Martin, en sa chambre d'hôtel, à Paris ; il le prévint qu'un grand médecin le viendrait visiter : le soir même, le célèbre docteur Pinel, spécialiste pour le traitement des affections mentales, venait l'interroger. Pendant trois jours consécutifs, le Dr Pinel renouvela ses visites : l'inconnu fit de même et, dans l'une d'elles, déclara être « l'*Archange Raphaël*, ange « très célèbre auprès de Dieu, et possédant le « pouvoir de frapper la France de toutes « sortes de plaies ».

Les rapports du docteur Pinel au Ministre de la Police se terminaient ainsi : « Martin est atteint d'une hallucination des sens, ou aliénation intermittente. »

En conséquence de ces rapports, sur l'ordre du Ministre de la police, Martin fut conduit, le 13 mars à Charenton, par le docteur Pinel, lui-même.

Martin resta dans cet asile d'aliénés jusqu'au 2 avril. Il y fut traité avec égard et bonté. Ses visions avaient fait sensation en haut lieu et excité la curiosité publique ; il reçut les visites des sommités de la noblesse notamment celles de MM. de Talleyrand-Périgord, Sosthènes de la Rochefoucauld, de Montmorency... et encore, et toujours celle de l'*Ange* qui, le 31 mars, lui serra la main !!

Royer-Collard, se refusant à voir, dans Martin, un véritable aliéné, obtint sa mise en liberté, le 2 avril. Ce jour-là, le visionnaire fut conduit devant le roi qui le pria de lui faire connaître, en toute sincérité, la mission dont il était chargé à son égard. Martin fit à Louis XVIII le récit fidèle de ce que l'inconnu lui avait dit. Le lendemain, il était rendu à sa famille.

*
* *

Martin vécut alors tranquillement, à Gallardon, pendant quelques années. De 1821 à 1830, il eut de nouvelles révélations. Il n'aperçut personne, mais une voix surnaturelle lui fit un long pronostic sur les événements futurs. C'est alors que son rôle de visionnaire semble devoir changer et qu'il aspire au rang de prophète. Suivant ses assertions, tous les événements politiques ou religieux n'ont rien de caché pour lui : il annonce l'existence de Louis XVII et se croit appelé à placer sur le trône de France ce personnage mystérieux.

La Révolution de 1830 lui fit redouter les représailles de 1816. « Averti par la voix surnaturelle de se cacher en lieu sûr », Martin quitta son domicile et mena désormais une vie errante, une existence ignorée du monde. Il mourut à Chartres, en 1834, sans cesse importuné et obsédé par la voix étrange qui venait, nuit et jour, le menacer d'accroître ses souffrances s'il ne s'attachait pas à la cause du prétendu Louis XVII.

§ VI. — *Remèdes populaires. — Medecine champêtre.*

La flore de nos contrées n'est pas extrêmement variée, et nos paysans ignorent le véritable nom de la plupart des plantes qui les environnent. Ou ils altèrent et dénaturent le nom de la plante, ou ils lui en donnent un, vulgairement emprunté à sa forme, à sa couleur ou à ses usages. Ils emploient un grand nombre de plantes pour leur propre guérison ou celle de leurs bestiaux.

Nous ne voulons faire ici ni l'éloge ni la critique des remèdes populaires réputés souverains dans telle ou telle maladie. Nous nous contenterons de rapporter quelques exemples de la médecine champêtre de la Beauce et du Perche.

Ampoule. — Si l'on a une ampoule au pied, on la frotte avec des orties, ou on la traverse d'un fil de lin qu'on laisse dans l'ampoule.

Angine. — S'entourer le cou, le soir en se couchant, du bas retiré de la jambe gauche et mis à l'envers. Ou bien s'entourer le cou du même bas rempli de cendres chaudes. Cataplasmes faits avec des pommes de terre cuites dans les cendres du foyer.

Bains de pieds. — On remplace quelquefois la moutarde par la cendre de bois ou par la plante connue vulgairement sous le nom d'*éclaire*, et qui est la chélidoine.

Barbes. — Si un veau avait les barbes (maladie de la langue), on lui frottait la langue jusqu'au sang, avec une pièce de *six liards.*

Blessures (Plaies ou *Enflures).*— Si une personne s'est blessée dans une chute, on applique, sur la partie malade et enflée, un cataplasme de mousse bouillie dans du lait. Pour les plaies, on emploie le plantain lancéolé, dit herbe aux cinq coutures, ou encore la feuille de violette.

Brûlures. — Pour calmer le *feu* des brûlures, on y applique de la râpure de pommes de terre, de la gelée de groseilles, des pétales de fleur de lis conservées dans de l'huile de camomille camphrée, des compresses de lait baratté, ou enfin de la bouse fraîche de vache.

*
* *

Constipation. — On fait des tisanes de chicorée sauvage. On boit du lait de beurre baratté.

Convulsions. — Quand un enfant a des convulsions, on lui asperge la figure de quelques gouttes d'eau bénite.

Coqueluche. — On fait boire aux enfants, le matin, à jeun, une tasse de lait de chèvre. Le lait d'ânesse est, dit-on, plus souverain ; mais il est plus difficile de s'en procurer.

Cors-aux-pieds. — Prendre un bain de pieds d'eau salée ; appliquer sur le cor de l'ail pilé ou du vert de poireau.

Coupures. — Pour arrêter le sang d'une coupure, on couvre la plaie avec des toiles d'araignées, de la poix, ou des feuilles de plantain écrasées.

Dartres. — Le matin, à jeun, humecter les dartres avec de la salive. D'autres pilent, avec du sel gris, la plante, nommée *éclaire*, et en font un emplâtre qu'ils appliquent sur les dartres.

Dents. — Les remèdes contre le mal de dents sont aussi variés que bizarres. On se met dans le creux de la dent malade un grain d'encens : la dent se casse et tombe sans douleur. On fait des fumigations avec du lierre ou avec des fleurs de sainfoin. Dans du vinaigre en ébullition, on met quelques petits silex et l'on se tient, la bouche ouverte, au-dessus de cette vapeur !

Diarrhée. — Tisanes de feuilles de ronce, de vigne, de chêne, de racine de fraisier.

*
* *

Eczéma. — Cataplasmes faits avec du suif, de la suie et du lait.

Engelures. — Se laver deux ou trois fois

les mains ou les pieds dans du jus de fraise ; appliquer ensuite un cataplasme de marrons cuits et écrasés.

Enrouement. — Boire le matin, à jeun, un verre d'eau bien fraîche ou de la tisane faite avec des jeunes pousses de ronces.

Erysipèle. — Fumigations et cataplasmes de fleur de sureau.

Fièvre. — Infusions de la seconde pelure de l'écorce du saule. Boire de l'eau bénite. Se rouler dans la rosée d'avoine le jour de Saint-Jean, avant soleil levé.

Fièvre aphteuse. — Pour préserver les vaches de la *cocotte*, on leur met au cou des colliers de chêne.

Hoquet. — Se pincer fortement le petit doigt de la main gauche. Rester sans respirer le plus longtemps possible. Surprendre la personne qui a le hoquet et lui faire peur, soit en poussant un grand cri, soit en donnant un fort coup sur une table.

*
* *

Incontinence d'urine. — Frotter, avec des orties, les reins des enfants atteints de cette infirmité.

Muguet. — Lorsqu'un enfant a le muguet, (vulgairement appelé *chancre*) on le fait *toucher* par une *bonne femme* qui lui met du vinaigre sur la langue et dit des prières, à son intention, le matin, avant *soleil levé.*

Nez (saignements de). Pour arrêter les saignements de nez, on fait lever le bras, du côté de la narine d'où s'échappe le sang ; on applique sur la peau du dos, à la base du cou, une clef pleine ; on se place bien au-dessus de *quatre fétus* disposés en croix. Si l'hémorrhagie persiste, on roule, en forme de boulettes, des feuilles d'ortie et on les introduit dans les narines.

Œil. — Pour faire disparaître les orgelets, (compères-loriots) on se lave les yeux dans de l'eau chaude dans laquelle on a fait bouillir de la camomille ou des feuilles de plantain.

On applique, le soir, sur l'œil, du lait caillé ou du fromage mou, bien frais, que l'on étend sur un linge et que l'on conserve toute la nuit.

La sève de la vigne, que l'on appelle les pleurs de la vigne, est réputée salutaire à la vue. Au printemps, on recueille cette sève dans une bouteille dont le goulot est placé au-dessous d'un bourgeon préalablement coupé. On se lave les yeux avec la sève de vigne pour guérir les ophtalmies, ou simplement pour avoir la vue claire.

Un œuf, frais pondu et encore chaud, promené sur les yeux, rend également la vue claire.

Quand les petits enfants ont mal aux yeux, les nourrices y font couler de leur lait.

Pour enlever un grain de poussière de l'œil, se frotter l'autre œil.

Oreilles. — Le cérumen qui se forme dans les oreilles est souverain, au dire des bonnes femmes, pour guérir les piqûres des moustiques : elles en recouvrent immédiatement l'endroit piqué.

Oreillons. — On prétend que ce mal disparaît, si l'on mange dans une assiette qu'un chat vient de lécher.

*
* *

Panaris. — On l'appelle *tournure* ou *mal blanc.* Introduire le doigt malade dans un œuf frais, mettre l'œuf dans l'eau bouillante et maintenir le doigt jusqu'à ce que l'œuf soit dur. Appliquer ensuite des cataplasmes, souvent renouvelés, faits de mie de pain et de suif.

Poux de poules. — Mettre du yèble dans le poulailler, et les poux disparaîtront.

Reins. — Pour guérir les douleurs de reins, se ceindre avec un fil de lin ou une ficelle de chanvre ; se fustiger les reins avec des orties; s'appliquer sur les reins un petit sac rempli d'avoine grillée.

Rhumatismes. — Dormir sur un lit de fougère et se frotter la partie malade avec des orties ou avec des feuilles de verveine, pilées avec du sel et du poivre.

Rhumes. — Il y a trente-six plantes qui

servent à faire des infusions : racines de chiendent, feuilles de fougère, plantain, avoine, etc. Cataplasmes brûlants faits de mie de pain et de suif de chandelle.

Rhumes de cerveau. — Se mettre sur les tempes et sur le nez une forte couche de suif de chandelle.

Sein. — Les nourrices, qui ont des ganglions au sein, appliquent, sur cette petite tumeur, des *crêpes* très chaudes et très grasses qu'elles renouvellent pendant plusieurs heures.

Verrues. — Pour faire disparaître les verrues, les faire saigner et les imbiber de salive, le matin, à jeun. Prendre une poignée de pois (haricots, crin, etc.), en frotter la verrue et enterrer : quand les pois pourrissent les verrues s'en vont ; les frotter avec l'éclaire ou chélidoine.

Vers. — Quand les petits enfants ont des vers, on leur met au cou un collier de gousses d'ail.

CHAPITRE IV.

La Sorcellerie et la Diablerie.

§ I. — *De la Sorcellerie en général.*

De nos jours, il n'y a plus guère que les très vieilles gens qui croient aux sorciers, qui se rappellent et racontent sur eux des histoires extravagantes autant qu'effrayantes. Il a fallu, pour détruire ces stupides croyances en la sorcellerie, la Philosophie du XVIIIe siècle et la Science du XIXe. Ces erreurs absurdes avaient si profondément plongé leurs racines dans les mœurs populaires qu'il suffirait de gratter légèrement la mince couche de civilisation que possèdent certains de nos paysans pour en retrouver des traces indélébiles. Ce n'est plus, il est vrai, cette terreur superstitieuse que le nom de *sorcier* inspirait autrefois. Non. Ces quelques rares ignorants ne vivent pas avec la préoccupation constante des sorciers. Les horreurs auxquelles se livrèrent les sorciers ne les hantent nullement ; non plus d'ailleurs que les longues persécutions et les cruels supplices qu'ils subirent. En un mot, la terreur a disparu, mais l'influence reste. Ils en parlent rarement, mais ils y pensent quelquefois.

Ces croyances à la sorcellerie et à la diablerie (car pas de sorciers sans un pacte avec le démon) s'affaiblissent chaque jour. Dans quelques années, elles n'existeront plus. Il est utile de signaler quelques vestiges qui subsistent encore. Ridicules aujourd'hui, ces traditions funestes ont été un fléau épouvantable pour nos populations beauceronnes et percheronnes.

Les Bohémiens (*montreurs d'ours, meneurs de loups*) et les bergers étaient tous, ou à peu près tous, considérés comme sorciers. Ces gens-là allaient à l'école du diable. Ils faisaient avec lui un pacte qui leur procurait un pouvoir surnaturel. Ils avaient un livre appelé *grimoire*, dans lequel ils pouvaient lire le passé, le présent et l'avenir de tous les êtres vivants. C'est à l'aide de ce *grimoire* qu'ils apprenaient à *jeter des sorts*, à évoquer les esprits. Jeter des sorts, c'était envoyer la maladie et même la mort à un ennemi, à un membre de sa famille ou à ses bestiaux.

Par contre, certains sorciers avaient le pouvoir de *déjouer les sorts ;* on avait recours à ceux-ci pour réparer le mal fait par ceux-là.

Nous ne voulons pas nous étendre ici sur ces philtres ou breuvages, préparés par les soi-disant sorciers, dans le but de donner de l'amour à un homme pour une femme, ou réciproquement ; de tuer les hommes, les femmes, les bestiaux : c'étaient là de véritables empoisonnements. Nous nous bornerons à raconter quelques exploits de la sorcellerie et de la diablerie, sous lesquels se cache toujours plus ou moins de supercherie. Si en quelque hameau isolé, il reste encore des vestiges de cette crédulité, ils se trouveront atteints par cette divulgation : les journaux et le temps feront le reste.

*
* *

Dans tous les temps, chez tous les peuples, les bergers ont occupé leurs longs loisirs du jour à étudier les plantes, et leurs nuits à observer les astres. La superstition et l'ignorance populaires prêtaient à leurs connaissances empiriques et à leurs observations astronomiques une crédulité dont ils abusèrent parfois. Ces humbles pasteurs furent souvent regardés comme des sorciers capables de guérir certaines maladies, mais, par contre, de *jeter des sorts*. De là, leur autorité sur les esprits simples qu'ils exploitèrent pendant plusieurs siècles.

La Beauce a eu aussi ses sorciers, et, si leur *règne* était passé avec notre génération, le temps était si proche et le souvenir de leurs maléfices si vivace encore lorsque nous étions enfant, qu'il ne se passait guère de *veillées* sans que quelques-unes de leurs pratiques superstitieuses fussent racontées.

Ces traditions de sorcellerie et de diablerie n'offrent rien de particulier ni d'original. Elles ressemblent à celles de toutes les provinces de France avec des variantes qui se ressentent du tempérament des ancêtres. Dans le midi, elles conservent la trace des fictions imagées des Sarrazins ; en Bretagne, elles planent dans les landes féeriques ; dans le nord, elles se ressentent des idées superstitieuses des Franks et des Saxons ; chez nous, elles ont gardé l'empreinte du vieux sol gaulois.

* * *

Les Beaucerons et les Percherons de la première moitié du XIXe siècle ont transmis, sans altération notable, à notre génération, le souvenir de faits inouïs, relatifs à la sorcellerie. Chaque commune a ses traditions et ses légendes sur ce sujet ; elle a soit un coin ombragé de son territoire, soit un vieux château féodal, ou une bicoque abandonnée, ou le cimetière silencieux qui sont les lieux fréquentés par les fantômes ou les sorciers. On voyait des sorciers partout : les grands bois, les carrefours éloignés, les carrières profondes étaient, par eux, de préférence, choisis pour leur réunion nocturne — leur *sabbat*, — le vendredi de chaque semaine. Là, se perpétraient des crimes innombrables, des profanations horribles, au milieu des danses échevelées. Certains vieillards prétendent avoir assisté, de loin, une seule fois, à ces orgies où des enfants étaient mangés ou servaient à d'abominables pratiques !

Pendant les heures de sabbat, les sorciers avaient le droit de tout faire ; mais le nom de « Dieu » ni celui de « Saint » ne devaient jamais être prononcés. Les victuailles, les vins fins étaient servis en abondance sur les tables ; ces produits, les sorciers les obtenaient, par le pouvoir du diable, des arbres, des plantes, qu'ils transformaient à leur gré. Avant de se rendre au sabbat, les sorciers devaient s'oindre le corps d'une certaine graisse dont la composition leur avait été enseignée par le diable. D'aucuns disent que cette graisse s'obtenait en faisant bouillir un enfant nouveau-né, coupé en morceaux. Recueillie et conservée dans des vases, elle était bénie par des prêtres, sorciers eux-mêmes, qui récitaient des prières *à rebours*.

Telles étaient les idées de nos ancêtres sur la sorcellerie. Voyons, maintenant, quels étaient les pouvoirs attribués aux sorciers ?

§ II. — *Le Pouvoir des Sorciers.*

MENDIANTS ou bergers, montreurs d'ours ou meneurs de loups, tous ces thaumaturges étaient des sorciers, des *jetteurs de sorts* ou de *maléfices*. Notre contrée avait plusieurs espèces de sorciers parmi lesquels nous citerons les *caillebotiers*, les *courtiliers*, les *grêleurs*, les *noueurs d'aiguillettes*, les *envoûteurs*.

*
* *

On appelait *caillebotiers*, ceux qui possédaient l'art diabolique de faire tarir — à leur profit — tout le lait des vaches. Leur pouvoir s'étendait même, dit-on, jusqu'aux nourrices. Mais ils exerçaient de préférence leurs pratiques contre le bétail qu'à leur gré ils faisaient maigrir.

Il nous a été impossible de connaître exactement les procédés employés par les caillebotiers dans leurs ensorcellements. Ils traçaient, paraît-il, certains signes avec le doigt à la porte des étables et prononçaient des paroles diaboliques. Les effets du sortilège se faisaient sentir peu après ; car, dès qu'une *établée* avait reçu un *sort*, les vaches, les chèvres n'avaient plus de lait et dépérissaient *à vue d'œil*.

Fort heureusement, divers moyens existaient pour rompre le charme, ou, suivant l'expression locale, pour *déjouer le sort* du caillebotier. Il suffisait de conduire les bêtes maléficiées à la foire voisine, et de les faire marchander par trois *maquignons* différents, pour les faire revenir à leur état normal. Lorsque, par hasard, ce procédé restait inefficace, le maître ou la maîtresse de la maison allait, le matin, dès son lever et à jeun, dans l'étable, réciter l'*évangile de saint Jean*, cela pendant neuf jours. Si enfin les résultats de la neuvaine étaient nuls ou insuffisants, on avait recours au *panseux de secret* qui, nous l'avons vu précédemment (*chapitre III*), guérissait bêtes et gens, au nom de Dieu ou au nom du diable.

*
* *

L'œuvre ténébreuse des *courtiliers* était encore plus à craindre que celle des caillebotiers. Non seulement les désastres qu'ils accomplissaient étaient plus terribles, mais il n'existait aucun moyen de les réparer. Les *courtiliers*, avec leur souffle seulement, desséchaient les plantes, arrêtaient la végétation des arbres et des jardins, annihilaient les blés et les raisins.

Personne ne vit jamais de *courtiliers* et cependant tout le monde croyait à leur pouvoir. On aurait pu remarquer que les malheurs qu'ils étaient censé causer coïncidaient avec les années, où, en été, se produisaient de brusques et fréquentes alternatives de pluie et de soleil, causes véritables et naturelles de ces fléaux ; mais on était au temps du surnaturel, et les sorciers, seuls, étaient capables de tels forfaits !

*
* *

Des être malfaisants, qu'on appelait des *grêleurs*, avaient le pouvoir de *faire des nuées* et de déchaîner des orages de grêle sur une contrée. Ces sorciers opéraient ainsi : ils battaient, avec de longues perches, l'eau de certains étangs ou mares ; des vapeurs s'élevaient, des nuées épaisses se formaient, qui s'en allaient tomber, en grêle, au gré du caprice des sorciers : c'était, à la veille des moissons, toute une contrée ravagée, anéantie. La mare de la *Grande-Lüe*, à Pézy (E.-et-L.), fut, d'après la tradition, plusieurs fois, le lieu où s'évertuèrent les grêleurs.

En ce temps-là, heureusement, les cloches avaient la vertu de *couper les nuées*. C'était alors une coutume générale de sonner les cloches pendant l'orage, et l'on était persuadé que leurs *voix bénies* préservaient la paroisse de la grêle et de la foudre. Aussi lit-on fréquemment cette inscription sur les cloches un peu anciennes : « *Vivos voco, mortuos plango, fulgura frango.* » (J'appelle les vivants, je pleure les morts, je brise les foudres).

Dès qu'un orage suspect semblait, à l'horizon, s'avancer vers la paroisse, le *sonneur* mettait la cloche en branle pour déjouer le maléfice du grêleur. Plus d'un sonneur a payé de sa vie cette imprudence. Devant l'inutilité, d'une part, et, de l'autre, le danger de cette coutume, l'autorité civile intervint et interdit de sonner les cloches pendant l'orage.

Il existe encore quelques vestiges de cette croyance en la vertu protectrice des cloches. A Illiers (E.-et-L.), jusqu'en ces dernières années, du 1er mai au 1er septembre, on sonnait, chaque soir, pendant une demi-heure, la cloche dite *des biens de la terre*. Mais peut-être cette vieille coutume ne s'est-elle perpétuée, au milieu de l'indifférence religieuse de nos cultivateurs contemporains, que grâce à la piété intéressée du sacristain. Toute peine mérite salaire : or, le fait de prendre soin, chaque jour, des *biens* des paroissiens, méritait une récompense. Ainsi pensait le sacristain qui, la moisson terminée, faisait une fructueuse tournée chez les cultivateurs, petits et grands, de la commune. Beaucerons et Percherons s'exécutaient de bonne grâce et rétribuaient, qui en nature, qui en monnaie, l'homme qui faisait chez eux « la pluie et le beau temps ».

Nous ne nous arrêterons pas à ces sorciers, *noueurs d'aiguillettes*, l'effroi des jeunes mariés. On trouvera, au *chap. V, § 2 de la IIIe partie (Tome II)*, les moyens employés autrefois pour conjurer ce maléfice.

*
* *

Les *envoûteurs* remontent au moyen âge; ils ont disparu dans nos contrées avant la fin du XVIIIe siècle. Ces sorciers représentaient, par une petite statue en cire, la personne à laquelle ils voulaient du mal. Cette image, bénie par un prêtre, était mutilée, ou piquée à l'endroit du cœur, ou fondue, suivant le genre de supplice que l'on désirait à son ennemi. Des formules superstitieuses, des invocations au diable complétaient le sortilège.

*
* *

Les populations primitives de la Beauce se sont groupées sur les plateaux d'alluvion argileuse qui conserve parfaitement l'eau du ciel, afin d'avoir, sans travaux ni frais, des réservoirs naturels pour abreuver les bestiaux. Ces mares et les puits très profonds doivent suffire aux besoins de la population.

La recherche des sources a donc été, de tout temps, la grande préoccupation de ce pays altéré. Mais l'ignorance et la crédulité de nos ancêtres les ont toujours portés vers les moyens surnaturels ; aussi accordèrent-ils aux *sourciers* le pouvoir de découvrir les sources, les trésors et les choses cachées.

Un bâton, une verge ou une baguette représentaient le symbole extérieur de leur pouvoir surnaturel. Le bois de coudrier passait pour avoir une réelle sympathie avec l'eau, l'or et l'argent ; mais, plus tard, la baguette fut indifféremment en métal, en bois, en corne ou en ivoire. Ce qu'il fallait obtenir, c'était la dextérité, le tour de main afin de faire tourner la baguette pour lui faire signaler les sources, les trésors, les crimes, etc. Cette adresse tenta bientôt les sorciers qui se firent sourciers et exploitèrent largement les naïfs. Il arriva nécessairement que, sur l'indication des hydroscopes, des sources furent mises à jour, dont les sorciers ne soupçonnaient pas l'existence. Ces heureux résultats augmentèrent leur prestige qui dura jusqu'au début du XIXe siècle.

§ III. — *Conjuration des sorts.*

En dehors des sorciers dont la spécialité malfaisante était nettement déterminée, il en existait d'autres qui procuraient des avantages au moyen de sortilèges. Ceux-ci étaient consultés lorsqu'on voulait se débarrasser d'un ensorcellement : c'étaient les bons sorciers. Ils détruisaient, *par des pratiques à rebours*, les maléfices des mauvais sorciers.

Un grand nombre de moyens étaient employés pour neutraliser les effets du *sort*. On atteignait fréquemment ce but en portant sur soi des talismans ou amulettes : un serpent empêchait d'avoir la vue *charmée* ; une tête de cerf-volant ou lucane, muni de ses cornes, ou quelques grains de sel, cousus dans l'habit, assuraient au conscrit un bon numéro ; des grains de sel au fond des baratte ou dans le fumier des étables, un os de taupe porté sous l'aisselle gauche, un des bas chaussé à l'envers, le buis, la verveine, le trèfle à quatre feuilles suffisaient, non seulement à nous mettre à l'abri des sorts, mais encore à nous assurer le bonheur et l'accomplissement de tous nos désirs.

Si un méchant sorcier nous avait gratifié de la fièvre, le bon sorcier nous en délivrait en prononçant certaine formule magique à laquelle il mêlait notre nom. Pendant l'opération, il tenait à la main une baguette de coudre (coudrier), qu'il lançait ensuite par-dessus son épaule gauche.

Le fiévreux pouvait aussi employer le moyen suivant : recueillir les rognures de ses ongles, les déposer, la nuit, dans un trou pratiqué dans le tronc d'un jeune tremble. Le trou aussitôt rebouché, l'arbre *prenait* la fièvre du malade.

*
* *

Porter sur soi de la corde de pendu préservait des maléfices.

Lorsqu'une épidémie atteignait les animaux d'une écurie, d'une étable ou d'une bergerie, les ignorants n'en soupçonnaient pas la cause en dehors de la sorcellerie : un ennemi leur avait jeté un sort. Au lieu de chercher, par une hygiène bien comprise, à combattre le fléau, ils se contentaient, pour déjouer le sort, de prières, de neuvaines ; ou bien, dans plusieurs communes des environs de Chartres, ils faisaient tourner les chevaux, les vaches, les moutons autour d'un feu, fait de certains bois, afin de guérir leurs bêtes et de les préserver de tout autre maléfice pendant l'année.

Nos ancêtres, dans leur simplicité, ont fait appel à tous les moyens pour chasser les maléfices : ils ont usé de la nécromancie, de l'aéromancie, de l'hydromancie, de la géomancie, de la pyromancie, de la botanomancie, de la cristallomancie, de la chiromancie, etc., etc.

Les sorciers, paraît-il, choisissaient, de préférence, les carrefours des routes pour danser et chanter. Ils pouvaient ainsi s'emparer d'un plus grand nombre de gens. Le clergé ordonna d'y élever des croix. Et comme les sorciers, suppôts du diable, ont horreur des croix, ils furent obligés d'aller faire leur sabbat dans les carrières ou dans les bois : la sécurité des chemins fut assurée.

*
* *

S'il était agréable de pouvoir conjurer les sorts, il ne l'était pas moins de faire souffrir les sorciers qui avaient jeté ces sorts. Pour obtenir ce résultat, on avait recours aux *sorciers-envoûteurs*, ou bien on prenait un cœur de bœuf dans lequel on enfonçait des épingles, des clous ; et, tout en prononçant des paroles d'imprécation, on le mettait cuire, sans eau, dans un vase de terre neuf. L'odeur qui s'échappait de cette préparation magique attirait le sorcier qui venait, suppliant, demander sa grâce. Le cœur de bœuf, jeté à ses pieds, enlevait le sort.

Une peine plus sévère à infliger au sorcier consistait à faire dire une *messe du Saint-Esprit*. Cette messe devait être dite par un prêtre-sorcier ; elle était dite *à rebours* et avait pour effet terrible de contraindre le sorcier qui avait jeté un sort à courir toutes les nuits le loup-garou.

Dans beaucoup d'histoires de sorciers, il est mention de prêtres se mêlant à leurs exercices nocturnes. Les curés, aux yeux des paysans, passaient pour avoir un pouvoir analogue à celui des sorciers. Ils possédaient le secret de *barrer le feu* et même de mettre fin aux incendies, surtout lorsqu'ils provenaient du *feu du ciel*. *Barrer le feu*, c'était, au moyen de patenôtres secrètes, arrêter subitement les progrès de l'incendie.

§ IV. — *Les Loups-Garous.*

Le diable joue un grand rôle dans la sorcellerie, puisque les sorciers tiennent leur pouvoir d'un pacte conclu entre eux et lui. Cependant, s'il faut en croire la tradition, le diable n'est pas malin. Belzébuth, raconte-t-on, eut avec saint Martin une association passagère. Il s'agissait d'un champ de carottes et de blé qu'ils avaient labouré et ensemencé de compagnie. Dans le premier cas, le diable choisit la partie de la plante qui sort de terre : saint Martin eut la racine. Voyant qu'il avait été attrapé, il prit, dans le second, la racine de la plante : nouvelle déconvenue. Il s'en arracha les cheveux de rage, assure-t-on.

On rapporte, sur le compte du diable, nombre de faits dans lesquels il montre plus de méchanceté que d'adresse, plus de bêtise que de finesse. Partout il est bafoué, trompé, pris au piège et même battu lorsqu'il opère en personne. Mais, lorsqu'il transforme en loups des sorciers ou des sorcières (ce sont les *loups-garous*), il jette l'épouvante dans les troupeaux et les populations.

Jusqu'au commencement du XIXe siècle, notre contrée était infestée de loups. Le nombre de leurs victimes fut considérable et grande la légitime terreur qu'ils inspiraient. Les paysans croyaient que les loups avaient des intelligences avec les sorciers et des accointances avec le diable. On appelait *meneurs de loups* les gens qui avaient le pouvoir de charmer ces bêtes sauvages et de faire dévorer les troupeaux de leurs ennemis par leurs dociles compagnons.

*
* *

Nos populations beauceronnes croyaient fermement aux *loups-garous*. C'étaient des sorciers qui se changeaient en loups. Cette transformation, d'après la croyance populaire, était ou volontaire ou imposée par le diable ; mais, dans les deux cas, ils avaient les goûts et les mœurs des animaux auxquels ils ressemblaient. Les *garous*, en effet, ne se sont pas toujours changés en loups ; on les a vus quelquefois sous la forme de chats, de levrettes et même de vaches.

D'après la tradition percheronne, les *loups-garous* n'étaient autres que des criminels qui avaient échappé aux recherches de la justice civile et ecclésiastique, et contre lesquels on avait lancé l'excommunication.

Dès que la terrible sentence était fulminée contre le condamné, le diable le transformait en *loup-garou* et il était condamné à *courir le garou* toutes les nuits. Ce supplice, qui durait sept ans, consistait à courir sans relâche à travers la plaine déserte, toujours poursuivi par l'aiguillon infernal.

Si le hasard mettait quelqu'un en présence d'un *garou*, il ne fallait pas lui adresser la parole, car le malheureux perdait alors le bénéfice du temps déjà écoulé et devait recommencer à nouveau ses sept années de courses folles.

Pour mettre fin au sort misérable du *loup-garou*, il fallait pouvoir le saisir, le plonger un instant la tête dans l'eau et le frapper sur la tête jusqu'à effusion du sang. La puissance de Satan s'échappait avec le sang, l'enchantement cessait et le *garou* reprenait la forme humaine.

*
* *

D'après une autre version, le *loup-garou* était un homme qui avait fait un pacte avec le diable, soit pour s'enrichir, soit pour se rendre invisible et nuire à ses ennemis. Pendant sept ans, il devait courir à travers la plaine. S'il mourait pendant ce temps, son âme devenait la propriété du diable. Dans le cas contraire, au bout du temps fixé, l'engagement était rompu, l'homme cessait d'être sous l'empire du diable.

§ V. — *Histoires de Sorciers, de Démons et de Loups-Garous.*

Les traditions beauceronnes et percheronnes rappellent un grand nombre d'histoires sur les sorciers et les loups-garous. Le diable y joue un rôle personnel ou occulte toujours malfaisant. Les récits de nos aïeux sont remplis d'apparitions merveilleuses ou effrayantes. La crédulité naïve du public, son ignorance des lois physiologiques et psychologiques, ont accrédité ces récits et les ont rendus populaires. Des faits bizarres sont rapportés, quelquefois difficiles à expliquer aujourd'hui ; c'est que le narrateur en a exagéré l'importance, dénaturé le sens en laissant chevaucher son imagination exaltée. Ou bien ce soi-disant conteur fidèle, visionnaire privilégié, n'est qu'un vil imposteur.

La plupart de ces histoires, plus chimériques que diaboliques, manquent d'originalité. On les retrouve, avec le même fonds, sous des formes à peine différentes, dans toutes nos provinces de France ; en voici quelques-unes, assez caractéristiques, prises parmi celles qui nous ont été racontées.

*
* *

Le sorcier de Faverolles.

Au XXe siècle (ceci se passait en février 1901), il existe un village, en Loir-et-Cher, où l'on croit encore aux sorciers. A Chavigny, hameau de la commune de Faverolles, un cultivateur, ayant son fils atteint de la tuberculose et dont l'état, malgré les soins du médecin, allait toujours en s'aggravant, fit venir, pour le soigner, un devin qui ne put l'empêcher de mourir.

Aussitôt arrivé, celui-ci s'écria :

— Je vois ce que c'est : un sorcier a jeté un sort à votre fils. Heureusement pour vous, j'ai le pouvoir de le conjurer. Seulement, ajouta-t-il, je prévois que le sorcier reviendra dans le village, vers le coucher du soleil, et, à la première personne qu'il rencontrera, jettera le même sort.

Voilà pourquoi, pendant plusieurs semaines à Chavigny, vers le coucher du soleil, vous n'auriez pas rencontré âme qui vive.

Toutes les portes étaient closes. On se barricadait chez soi, et si un étranger venait à circuler à cette heure fatidique, blotti craintivement derrière le rideau, on se chuchotait à l'oreille, bien bas :

— C'est le sorcier !

*
* *

La grange du Russay.

On raconte qu'au Russay, près de Senantes, se trouve une grange qui a servi de refuge aux sorciers ou au diable. Il y a, de temps immémorial, dans le mur nord de cette grange, un trou que nul n'a pu boucher et que personne, aujourd'hui encore, n'oserait essayer de boucher.

*
* *

La grange d'Ymonville.

Il existe, à Ymonville (E.-et-L.), une grange dont la toiture ne put jamais être achevée. Les ouvriers qui la construisirent laissèrent, pour une cause inconnue, deux chevrons à poser. Or ces ouvriers étaient des *flamaçons* (francs-maçons) — qui sont, dit-on, des sorciers, — ce qui fait que nul autre qu'eux ne peut achever leur ouvrage. Le propriétaire de la grange fit, à plusieurs reprises, poser les deux chevrons manquants ; mais toujours, dans la nuit suivante, le travail de réparation fut détruit. Si, dans ce village, vous demandez à voir cette grange, l'on vous répond qu'elle est située dans un autre bourg, si bien qu'on ne put jamais la voir.

*
* *

Fresnay-l'Evêque possède aussi une grange dont le toit est resté inachevé. Ici, c'est le diable qui, à la suite d'un pari, devait la bâtir entièrement en une nuit. Lorsque le coq chanta, il restait à boucher le trou... encore béant aujourd'hui.

*
* *

Le Sorcier de La Loupe.

De petits cultivateurs d'un village, près de La Loupe, voyaient successivement périr chevaux et vaches, sans que le vétérinaire pût déterminer la cause de la maladie. Ils consultèrent la *rêveuse* renommée des environs qui, prévoyant un *sô* (*sort*), les engagea à consulter sur-le-champ un homme très savant de Nogent-le-Rotrou, appelé le *guérisseux*. Celui-ci prévoit de grandes difficultés, fait verser 60 francs et demande quinze jours de répit pour conjurer le sort. Les quinze jours expirés, nouvelle visite, nouveau versement et rassurantes paroles de l'oracle qui ordonne aux braves et naïfs paysans de rentrer chez eux, de demander une neuvaine à leur curé sans lui en dire le motif, d'acheter treize cierges.

Le dernier jour de la neuvaine, mettre une paire de souliers neufs à la porte du corridor pour que le sort s'en aille, donner la provende pour trois jours aux bêtes, faire un bon repas, allumer les cierges et se mettre au lit, trois jours durant, en gardant une diète et un silence absolus, sinon le sort ne partira pas. Les braves gens exécutèrent ponctuellement les recommandations du *guérisseux*. Inutile de dire qu'ils en furent pour leurs souliers neufs et le sorcier, pour six mois de prison.

*
* *

Le diable à Gaubert.

Une foule de faits, aussi étranges qu'effrayants, rapportés par le journal chartrain, l'*Abeille*, dans son numéro du 14 mars 1849, se sont passés chez M. Dolléans, meunier à Gaubert, commune de Guillonville (Eure-et-Loir). Ce meunier fut victime d'un vol de bottes de foin et d'un commencement d'incendie. Sa domestique, Adolphine Benoît, accusa de ces méfaits un voisin nommé V...

qui, arrêté, fut bientôt, faute de preuves, mis en liberté. Depuis le jour de l'arrestation de V..., il se passa chez M. Dolléans des choses effrayantes : des coups étaient frappés sur les planchers, les portes s'ouvraient seules avec fracas, les serrures et les cadenas disparaissaient. Adolphine, surtout, était victime d'êtres invisibles. « Tantôt des cordes, des chandelles, des chiffes, des corbeilles à pain, des chopines pleines d'eau, et même de vieilles charognes, se trouvaient transportées sur son dos ou dans ses poches. Tantôt les ustensiles de cuisine, casseroles, poëlons, cuillers à pot, etc., venaient s'accrocher aux cordons de sa jupe ou de son tablier. D'autres fois, en entrant dans l'écurie, les harnais des chevaux sautaient sur elle et l'entortillaient, de telle façon qu'un secours lui était nécessaire pour s'en débarrasser. Un jour, les deux colliers des chevaux vinrent se placer sur ses épaules. Des sacs à farine s'abattaient sur elle et l'enveloppaient de la tête aux pieds..... » Pendant plus d'un mois, la pauvre fille fut en butte à toutes sortes de vexations qu'on attribua au diable.

On supposa que V... était sorcier et que, pour venger son associé et punir sa dénonciatrice, il persécutait Adolphine.

Le curé de Cormainville fut appelé ; il fit l'exorcisme selon le rituel : le diable disparut, le moulin de Gaubert retrouva son calme habituel.

*
* *

La grotte du Mont-Chenu.

A la suite de circonstances un peu nuageuses, rapportées par la tradition sur le seigneur d'un château-fort situé près de Pézy (E.-et-L.), et en raison de son *pacte avec le diable*, chaque année, depuis la mort du châtelain, un prodige s'opérait dans les environs dudit château, au *champtier du Mont-Chenu*. Le prodige avait lieu le jour de Noël et seulement pendant qu'à la messe de minuit le curé de Pézy récitait la généalogie de Jésus-Christ. Voici en quoi il consistait : une crevasse énorme s'ouvrait, laissant apercevoir de longues galeries souterraines très bien éclairées ; le long des murailles, étaient rangés des coffres immenses renfermant, les plus proches, de la monnaie de billon ; successivement, les autres contenaient de l'argent, de l'or et, au fond, des pierreries et des diamants.

Aucune difficulté pour pénétrer dans les galeries : la pente était douce ; mais le laps de temps, pendant lequel les trésors étaient accessibles, était si court et la distance à franchir si grande qu'on n'osait s'aventurer. La terreur de l'emprisonnement dominait la cupidité. Surtout qu'on apercevait çà et là, gisant sur le sol, les squelettes des imprudents visiteurs qui avaient payé de leur vie leur amour des richesses.

On cite cependant quelques noms de personnes qui ont dû s'enrichir par ce moyen. Ce sont des gens du pays qui, nés de parents pauvres, sont devenus riches, très riches,paraît-il,sans qu'on puisse savoir exactement comment ils ont acquis leur fortune présumée. On dit qu'ils sont allés puiser à pleines mains dans les coffres de la grotte du Mont-Chenu.

*
* *

Le trésor de l'étang de la Fonte.

L'étang de la Fonte, situé sur la commune de Montigny-le-Chartif (E.-et-L.), n'existe plus que de nom. Il n'en reste qu'un trou où viennent s'engouffrer avec fracas les eaux d'un étang voisin. Ce trou, autrefois légendaire, renferme un trésor ; mais, comme tous les trésors, il est sous la garde du diable. Une porte en fer en masque l'entrée ; cette porte s'ouvre une fois l'an, pendant la messe de minuit ; monnaies de billon, d'argent et d'or sont rangées à une certaine distance de l'entrée du souterrain. En un mot, c'est l'histoire du trésor du *Mont-Chenu* et celle de tous les trésors enfouis sous les vieux castels, les tombelles, les gouffres, etc. Le temps est limité, la distance à franchir est assez grande, le diable garde l'entrée, les ambitieux seuls s'y laissent prendre.

La Tour de Montlandon, près La Loupe, renferme également, d'après les traditions, des trésors merveilleux.

*
* *

Les sorciers de Dourdan.

Pour compléter ces histoires de trésors enfouis, nous rapporterons textuellement les avatars des Sorciers de Dourdan, signalés, en 1875, par l'*Astrologue de la Beauce et du Perche* :

« Vers 1740, il courait par la Beauce d'étranges bruits. Dans les marchés, dans les cabarets, on se répétait à l'oreille qu'il y avait à Dourdan des sorciers qui étaient en communication avec le diable et avaient le secret de lui faire donner ou découvrir des trésors.

Plus d'un paysan hochait la tête d'un air incrédule, mais rentrait chez lui fort préoccupé, et, sans en rien dire à ses voisins, se décidait à faire le voyage de Dourdan, pour consulter *Monsieur* Jean-Baptiste Potin et ses deux ou trois acolytes. Ce n'était pas chose aisée d'obtenir de ces puissants personnages qu'ils se déterminassent à faire une évocation ou *appel*, et une femme de Chartres leur avait vainement offert 2,500 livres pour venir chez elle. Le rendez-vous était souvent fort loin : un nommé Henri Moutier, de Saint-Arnoult, avait dû aller jusque dans le parc de Versailles, conduisant sa charrette attelée de cinq chevaux et chargée de six poinçons vides destinés à rapporter le trésor. En général les appels se faisaient aux environs de Dourdan, à minuit, dans quelque lieu écarté. C'était dans un champ de fèves, derrière la chapelle Saint-Laurent ; c'était encore dans la « cave de Bistelle » ou bien dans une cave de Rochefort ou de Bullion, ou dans un cabinet de l'auberge du sieur Masseau, à Rambouillet, chez qui le diable avait élu domicile. Il ne fallait pas un mince courage pour assister aux évocations, car il s'y passait des choses effrayantes. A la clarté de six chandelles, et après avoir brûlé des parfums dont on était presque asphyxié, Potin faisait des cercles avec une baguette, puis il s'écriait par trois fois d'un ton de maître : « Astaroth, « je te fais commandement de la part du « grand Dieu vivant et de la main de gloire « que tu aies à paraître devant moi! » Et alors le diable se montrait sous la figure d'un ours, ou bien sous celle d'un homme vêtu de noir ou de blanc avec une mitre d'or, d'argent et de pierreries sur la tête, quelquefois seul, quelquefois accompagné d'une cinquantaine de diablotins. Astaroth était exigeant : il fallait faire un pacte de renonciation au baptême, se piquer le doigt avec une épingle et signer avec son sang. Le diable signait de son côté avec de l'encre sur un tapis brillant comme du feu. Alors il indiquait un jour pour livrer le trésor, se faisait payer son voyage, faisait sonner son argent dans des barils à harengs et disparaissait. Quelquefois Astaroth était méchant, mordait, égratignait et battait les assistants.

Il fallait aussi une patience éprouvée et une bourse déjà bien garnie pour tenter pareille aventure. Il était indispensable de se procurer un exemplaire du livre « des quatre princes, » paraphé du diable ; il fallait payer, en attendant minuit, le souper de la compagnie, payer les chandelles et les parfums, payer, après minuit, les quittances et les engagements, de Dourdan à Rochefort, de Rochefort à Rambouillet ou à Chartres, ou ailleurs, suivant le lieu indiqué pour la livraison du trésor. Le diable apportait une statue d'or, les assistants, ne pouvant la partager, demandaient de l'argent monnayé, et c'était à recommencer. Le plus difficile, dans certaines occasions, c'était de trouver un prêtre en habits sacerdotaux, qui voulût bien se charger des péchés de trente ans et saisir le diable avec une étole ou un cordon bénit, pour lui faire rendre des engagements ou des papiers de succession perdus. On n'avait pas d'autre ressource alors que d'aller chez le curé de Bullion, le sieur d'Enfert, qui ne refusait pas son service, mais qui le faisait singulièrement attendre.

Or, il arriva qu'au commencement de juin 1744, Martin Lorry, meunier à Sonchamp, fut un peu moins patient que les autres. Il s'agissait pour lui d'un trésor de vingt millions, caché dans un vieux château ; Astaroth le traînait de rendez-vous en rendez-vous, et l'appel définitif n'arrivait pas. Lorry en était déjà pour plus de mille livres de voyages du diable, de parfums, de régals à Potin et consorts chez Trouvé, Barré, Guérot, cabaretiers de Dourdan, et chez tous les aubergistes de la contrée. Il causa un peu et reçut des confidences inquiétantes : Moutier, de Saint-Arnoult, avait aussi déboursé mille livres; son voisin, Louis Coudron, le vigneron, avait payé tant de voyages qu'il en était réduit à coucher sur la paille, et Masseau, l'aubergiste, à se faire homme de peine; Jaudon, l'arpenteur de Rambouillet, avait donné douze cents livres et de plus sa fille en mariage à un des sorciers, pour le mettre dans ses intérêts; Laroche de Saint-Arnoult avouait cent cinquante livres; Lair de Bullion en avait déboursé six cents. — Personne n'avait rien reçu.

L'abbé Buchère, curé de Sonchamp, reçut quelques doléances de son paroissien, il écrivit à M. Védye, lieutenant-général de Dourdan, et l'affaire prit une autre tournure. Les lieutenants-généraux ne croient pas aux sorciers. Une enquête fut faite. Lorry servit d'espion, et la cabale fut découverte. Les sorciers de Dourdan n'étaient que des escrocs ou des fous. Potin avait passé sa vie à jeter des sorts et à prétendre guérir de la colique, hommes et bêtes, avec des herbes ; il avait déjà fait un bon séjour à Bicêtre. Clespe, jardinier, lui servait de compère, plusieurs autres Dourdannais partageaient la recette comme complices. D'autres, d'abord dupes, étaient entrés dans la compagnie, et l'un d'eux s'était chargé de faire Astaroth. Un père Antonin, sous-prieur de l'abbaye de Clairefontaine, pauvre tête séduite par le cardinalat avait sacrifié pour cela son pécule de 700 livres et était devenu séducteur pour le regagner. Quant au sire d'Enfert, c'était un vieux fou qui recevait chez lui une foule de bergers et de vauriens, et était le scandale de sa paroisse et la désolation de ses supérieurs. — Les prétendus livres mystérieux, montrés aux braves gens, n'étaient simplement que des almanachs, et un grimoire à demi-brûlé fut repêché dans la rivière par des laveuses. Quand la chose fut ébruitée, il se trouva dans la contrée plus de trois cents témoins à charge. Les sommes reçues par les sorciers atteignaient un chiffre considérable, et l'on murmurait les noms de plus de vingt bourgeois des meilleures familles de Chartres qui attendaient encore des trésors.

Grande fut l'émotion de la population de Dourdan quand, sur un mandat d'amener de M. le lieutenant-général, les sorciers, escortés par la maréchaussée, firent leur entrée dans la grosse tour, et quand on vit pendant de longues journées, à la barre de l'auditoire, ces personnages redoutés répondre de leurs méfaits, tout comme des voleurs. C'est par des huées que Potin, Clespe et compagnie furent salués, le 22 août 1744, quand ils montèrent en charrette, pour faire le voyage de Bicêtre, avec le brigadier, porteur des lettres de cachet paraphées du roi. Ce qui n'empêcha pas, plus d'une bonne âme, de se signer en les voyant partir, et de saluer bien bas quand vint à passer, nombre d'années après, quelqu'un d'entre eux, sorti, à la prière d'une grande dame, de « l'hôpital général de la bonne ville de Paris ».

*
* *

Nogent-le-Rotrou maléficié.

Au milieu du XIXe siècle, une épidémie de choléra sévissant à Nogent-le-Rotrou, la municipalité, par mesure d'hygiène, ordonna d'arroser, chaque matin, le devant des maisons. (La source des Lambert, à cette époque, n'alimentait pas encore la ville.) Les paysans percherons se firent rares le jour du marché : ils prirent cette mesure d'hygiène pour un maléfice qui n'avait d'autre but que celui de vicier l'air et de répandre le choléra. Les nogentais, de leur côté, s'enfermaient chez eux aussitôt après l'arrosage, persuadés que les miasmes seraient absorbés par les campagnards en arrivant à la ville ; après quoi, ils pouvaient sortir sans crainte.

*
* *

Le loup-garou beauceron.

Il y avait autrefois (on ne précise pas le siècle), dans une ferme de la Beauce, (les noms varient) un vacher qui découchait toutes les nuits. Maîtres et domestiques avaient remarqué ses absences nocturnes, mais ils n'en parlaient qu'entre eux. A cette époque, un loup-garou parcourait la plaine ; il venait, chaque nuit, rôder autour de la ferme et agacer les chiens, en passant son museau par la chatière percée dans les grandes portes.

Intrigué des sorties régulières de son valet, le fermier voulut voir où il allait. Il se cacha à la sortie de la ferme, décidé à le suivre. Le vacher sortit peu après, gagna un hangar situé à cent mètres environ et retira de sous sa blouse un paquet enveloppé. C'était une large ceinture qu'il se mit autour du corps. Aussitôt il devint loup-garou et partit au galop à travers la campagne.

Le fermier rentra, non sans frayeur, en son logis ; néanmoins il reprit courage, et, s'armant d'un gros bâton ferré, il alla se placer à proximité de la chatière. A peine était-il à son poste que les chiens aboyèrent avec rage : la tête du loup-garou était à demi passée dans la chatière.

Le fermier frappa un coup de sa matraque ; le sang jaillit. Une voix dit aussitôt : « Tant mieux, je suis quitte ; j'en avais en corepour trois ans. »

Le lendemain, le fermier vit une cicatrice sur le front de son vacher qui, depuis lors, ne sortit plus la nuit.

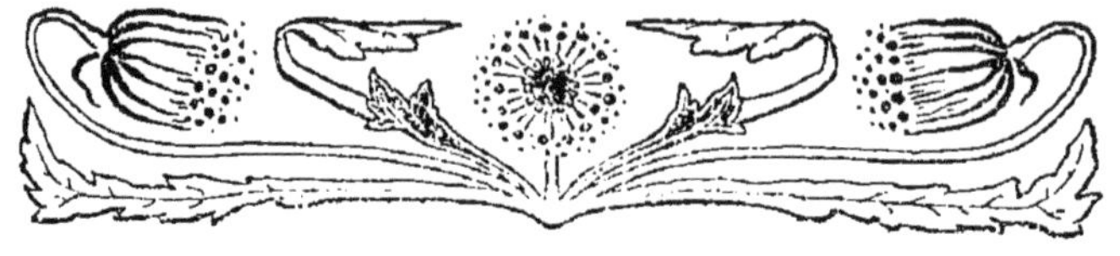

CHAPITRE V.

Le Monde Fantastique.

§ I. — *Les Fées.*

S'il reste encore, dans nos contrées, quelques adeptes de la sorcellerie, on peut dire que la féerie n'existe plus qu'à l'état de souvenir. Les fées ont tenu une grande place dans l'imagination de nos ancêtres beaucerons et percherons. On en retrouve des traces dans les appellations données à certains mégalithes (*Cf. IIe Partie. — Chap. I. — § III. Culte des Pierres : Pierres-des-Fées ; Bal des Dames de Bainville*), et à de vastes souterrains. (*§ V : Croth-aux-Fées, Grottes-des-Vierges*). On les appelait *Fées*, *Vierges*, *Dames* ou *Demoiselles*.

Les fées ne se montrant plus de nos jours, c'est auprès des vieilles gens que nous avons pu connaître leurs exploits d'antan. D'après eux, si les fées ne se voient plus, elles continuent, comme par le passé, à s'occuper des enfants. Un enfant a sa bonne ou sa mauvaise fée qui influera sur sa destinée future. Réduites ainsi à jouer ce rôle invisible, les fées nous ont paru se confondre, dans l'idée de ces vieillards, avec la providence ou le hasard, ou avec la destinée même.

Les fées étaient considérées comme immortelles ; elles possédaient un pouvoir surnaturel offrant une ressemblance assez frappante avec celui des sorciers. Quoique immortelles, elles étaient, comme les hommes, sujettes aux maladies et aux passions humaines. Quelques fées épousèrent des hommes ; elles eurent des enfants ; mais alors, elles cessaient d'être immortelles.

Un grand nombre de fées prenaient plaisir à voler les enfants des hommes ; elles les remplaçaient la nuit, par des êtres petits, malingres, contrefaits et idiots.

Les fées avaient pour demeures des tertres naturels, des rochers, des étangs, des fontaines, des grottes. On en voyait, même sur les nuages, pendant les orages. On assure que certains dolmens ont été apportés par des fées, dans leur *devantière* (tablier), afin de masquer aux hommes l'entrée de leur demeure.

Rarement les fées sortaient pendant le jour; mais, la nuit, tout le monde pouvait les voir aller et venir, danser en rond ou laver aux fontaines. L'herbe ne repoussait plus dans l'endroit où elles s'étaient abandonnées aux tourbillons de leurs farandoles échevelées.

*
* *

Les ondines des fontaines lavaient leur linge : un linge blanc, d'un blanc inimaginable ; elles l'étendaient sur le gazon le plus proche. Lorsque des *chrétiens* (on donne communément ce nom aux hommes) essayaient d'y toucher, le linge devenait invisible. Toutes ces fées étaient grandes, sveltes, d'une beauté éblouissante.

D'autres, au contraire, maigres, tannées, débraillées ressemblaient à des squelettes; celles-ci lavaient, avec une sorte de rage, quelque chose de livide, de forme indistincte qui, sous les coups du battoir, semblait gémir et pleurer : c'étaient, disait-on, des âmes d'enfants morts sans baptême.

Plusieurs fontaines de la Beauce ont servi de demeures aux fées. Nous citerons notamment celle de Barboton, près Bonneval. Suivant la tradition, la *Dame marchait sur l'eau comme Notre-Seigneur*; elle se posait sur les roseaux sans que les roseaux fléchissent. Vêtue d'une robe et d'un voile de gaze blanche, au printemps, elle occupait toutes ses nuits à cueillir des fleurs ; au temps de l'Avent, elle priait et se lamentait.

*
* *

Une autre fontaine, aujourd'hui disparue, rappelle le souvenir des mauvaises fées : elle était située dans les environs d'Auneau, et alimentait la mare du bois de Sainville. Cette source était très capricieuse ; parfois, après de longues pluies, elle laissait la mare à sec, tandis qu'elle la faisait déborder après une sécheresse persistante. On disait alors que la source prédisait les années d'abondance et de disette. Une naïve légende s'y rattache.

Par une brûlante journée d'été, saint Maur traversait la plaine nue et aride de la Beauce; se rendant à Auneau, il passait, mourant de soif, auprès de ladite fontaine. Agenouillées au bord de la mare, quatre jeunes filles lavaient le linge de la famille. Saint Maur demanda et obtint la permission de se désaltérer. Pendant que le voyageur était penché sur l'onde, le diable, qui le poursuivait sans cesse, tenta malicieusement l'une des jeunes filles ; avec son battoir, elle poussa le malheureux pèlerin qui plongea dans la mare peu profonde en cet endroit. Il se releva sans mot dire et continua sa route. Mais le soir, les jeunes filles ne rentrèrent pas chez elles : le diable les avait emportées.

Depuis lors, entre minuit et le chant du coq, les jeunes filles revinrent, comme des fantômes, échevelées, les yeux hagards, frapper à coups redoublés sur le linge. Un bruit sinistre, des cris étouffés, des craquements d'os brisés se faisaient entendre autour de cette étrange scène que certains paysans prétendent avoir vue.

La petite source a disparu, mais la légende subsiste toujours et se raconte à la veillée, comme une leçon de respect aux saints et de châtiment pour leurs insulteurs.

Les méchantes fées étaient rares ; il ne fallait pas les contrarier, sinon elles se vengeaient sur la personne, sur sa famille ou sur ses biens : elles volaient les enfants ou les *vouaient au mauvais destin ;* elles *soufflaient* des maladies; elles rendaient stériles prairies, moissons ou vendanges.

En général, les fées aimaient à rendre service aux hommes et ne demandaient aucune récompense. Grâce à elles, des bobines entières de lin furent filées en une nuit; des animaux, des personnes furent guéris. Elles avaient une préférence marquée pour les gens d'humble condition. On en a vu garder les moutons dans la plaine, soigner le bétail dans la ferme. Elles allaient même, la nuit, par les cheminées, auprès des enfants au berceau; elles les levaient, les changeaient, les réchauffaient, les recouchaient bien endormis, après quoi, elles repartaient comme elles étaient venues.

Tels sont les souvenirs que nous avons pu recueillir sur les fées de nos contrées, *au temps où elles se montraient aux hommes.* La tradition populaire est pauvre sur ce point; elle a laissé s'évanouir, avec les vapeurs des étangs, ces légendes et ces contes merveilleux qui dataient du moyen âge, époque des poétiques fictions, où les fées, êtres divins, se plaisaient à errer au milieu de notre chétive humanité.

§ II. — *Les Lutins.*

Les lutins, comme les fées, ne se montrent plus maintenant ; mais les vieillards en parlent encore et se souviennent des tours qu'ils jouèrent à maintes personnes.

Les *lutins* ou *farfadets* n'étaient ni des hommes, ni des animaux : c'étaient des êtres à part, (des esprits, peut-être), malicieux et enjoués, serviables et vindicatifs. Ils habitaient, le jour, dans les lieux déserts, dans les bois, dans les masures abandonnées. Dès le crépuscule, ils quittaient leurs demeures et venaient dans les villages se livrer à toutes sortes d'espiègleries.

Quoique capricieux et fantasques, ils aimaient à rendre service ; ils soignaient les chevaux, les pansaient, les étrillaient et se plaisaient à tresser leurs crins. C'est à ce dernier signe que les charretiers s'apercevaient, au matin, de la visite nocturne des lutins. Chevaux et vaches, pris en affection par eux, devenaient pleins de santé et de vigueur.

Certains farfadets se complaisaient dans les soins du ménage. Lorsque la ménagère ou la servante leur semblaient travailleuses, ils venaient la nuit soigner les enfants, cirer les souliers, laver la vaisselle, balayer l'aire, etc.

Ces bons offices qu'ils rendaient à certaines personnes ne les empêchaient pas de s'abandonner à leur nature espiègle. Ils cachaient l'aiguille de la couturière, la truelle du maçon, la faux du moissonneur, le rabot du menuisier ; ils emmêlaient le fil du tisserand, faisaient des nœuds dans le ligneul du cordonnier.

Si l'on contrecarrait les lutins dans leurs caprices, ils devenaient malfaisants. La nuit, ils remuaient les casseroles, les meubles, les lits ; ils allaient jusqu'à faire des cabrioles sur la poitrine des gens endormis. Une fois irrités, les farfadets devenaient terribles : hommes, femmes, enfants étaient maltraités avec une violence inouïe.

Pour se soustraire aux mauvais traitements des lutins, il était sage de porter sur soi un peu d'eau bénite. Les bras placés en croix les éloignaient également. Enfin, si l'on tenait ouvert un couteau sur la poitrine, ils se blessaient et disparaissaient : on était pour toujours débarrassé de ces êtres invisibles.

*
* *

Une bonne vieille nous a raconté que les farfadets prenaient quelquefois l'apparence de tourbillons de vent ; ils dispersaient ainsi, à travers la plaine, foins ou céréales, au gré de leurs caprices. Elle fut, elle-même, un soir, victime de leurs espiègleries. Elle quittait un champ de luzerne que les farfadets avaient éparpillée. Mécontente, à juste titre, elle maugréait contre ces mauvais génies, lorsque, tout à coup, elle sentit soulever son bonnet. Se retournant, elle vit sa coiffure s'élever dans les airs et aller s'accrocher à l'extrémité supérieure de l'aile d'un moulin à vent. Elle entendit en même temps rire les farfadets.

*
* *

Un *journalier* prétend avoir été autrefois tourmenté par les lutins. Ils le jetèrent dans la mare ; ils lui cassèrent sa faux pendant qu'il coupait une luzerne très tendre et *peu drue*, etc. etc. ; mais ses habitudes bien connues d'intempérance rendaient ses dires suspects. Ses voisins, qui, cependant, croyaient aux lutins, ne rendaient pas ces derniers responsables des mésaventures arrivées au journalier.

La tour de Montlandon fut jadis, suivant les légendes, hantée par une légion de mauvais esprits. Revenants, sorciers, fées malfaisantes s'y donnaient rendez-vous. Les lutins, vous le pensez bien, étaient de la partie. Mais voici qu'une fois « les lutins, au dire du *Solitaire du Perche*, sortent en troupe de dessous les pierres et des trous de la tour maudite. Ils vont s'établir, en plein minuit, dans des hôtels renommés du faubourg, pour y faire le ménage à leur fantaisie, brassent tout, remuent tout, brouillent tout, sans réveiller personne. Le matin, la grosse domestique se trouve coiffée d'une paire de bas, la bourgeoise a pour manches les jambes de la culotte de son mari, chaque voyageur a perdu sa botte ou son soulier du pied gauche. On cherche, peine inutile. Pourtant, bientôt la chose s'explique. On passe à la salle à manger pour déjeuner : la table est servie ; les chaussures égarées y figuraient, les satanés lutins les avaient fait sauter dans la poële pour en faire une sauce piquante !...

Cher lecteur ! puisse votre bonne fortune vous garder des lutins de la tour de Montlandon !... »

§ III. — *Les Follets.*

Dans le Perche, sur les bords de la Conie, près des marais de Senonches, les vieux paysans affirment que, pendant les chaleurs, le soir, voltigent des *feux-follets*, appelés, suivant les localités, simplement *follets*, *fallots* ou *flambas*. Cette dernière appellation est un diminutif de flambart, qui vient de flamme que les beaucerons et les percherons nomment *flambe*. Ces feux-follets choisissent, disent-ils, les endroits dangereux pour voltiger devant vous afin de vous égarer et vous faire tomber dans les précipices. La preuve, ajoutent-ils, c'est qu'ils vous quittent dès qu'ils n'ont plus le pouvoir de vous nuire.

Ces feux-follets ne sont autres que les lueurs phosphorescentes produites par les feux des marais, les charognes abandonnées ; leur apparition s'explique donc d'une manière toute naturelle, de même que leur disparition qui se fait toujours dans les lieux bas, dans les sources ou les fondrières. Mais pour les esprits crédules, ce sont de malins esprits, des âmes qui ont fait un pacte avec le diable.

Le follet est aussi naïf que méchant, puisque, pour s'en débarrasser, il suffit de lui jeter un mouchoir ; aussitôt il vous quitte et s'amuse à jouer avec ce mouchoir que vous retrouverez intact le lendemain matin, à l'endroit même où vous l'avez jeté. Si vous lui jetez un couteau ou tout autre objet tranchant, vous le trouvez ensanglanté le lendemain : en jouant, le flamba s'est blessé !

De vieux paysans convaincus citent volontiers les noms de ces *amis du diable* qui, le soir, se transportent près de l'endroit où l'un de leurs ennemis doit passer, se couchent sur le dos, prononcent quelques paroles cabalistiques, et exhalent leur âme sous la forme d'un *flamba* qui essaye d'égarer celui à qui ils veulent nuire. Si, voyant un *flamba*, vous trouvez un corps et le tournez face contre terre, au point du jour, vous verrez le *flamba* voltiger tout autour et chercher l'issue par où il en est sorti. Si, avant le jour, il n'est pas parvenu à y rentrer, il s'envole et devient la propriété du diable, tandis que le corps cessera de vivre.

Le feu follet pénètre aussi quelquefois dans les écuries ; il suit le râtelier avec une lanterne, s'attache à la crinière des chevaux, la mêle si bien que ne pouvant la démêler, on est obligé de la couper (1).

*
* *

Il existe une grande analogie entre les follets et les lutins. A part leur clarté, les follets offrent les mêmes caractères que les farfadets et les fées : c'est une classe d'êtres surhumains, invisibles parfois, ni anges, ni démons, tantôt bons, tantôt malfaisants, mais toujours capricieux et badins.

Fées et lutins ont disparu, mais les follets

(1) Les Anglais ont également cette croyance ; leur feu-follet s'appelle *Jack O'lantern*, c'est-à-dire *Jack porte-lanterne*.

existent encore dans la pensée obscure de la classe ignorante. Nous avons entendu raconter, sur leur compte, maints méfaits.

*
* *

En revenant de son travail, le soir, le père P., d'Ouarville, prétend et affirme avoir été souvent poursuivi par les feux-follets. Ils couraient devant lui, derrière lui, à ses côtés, sautant à droite, gambadant à gauche, afin de l'éblouir et le faire tomber dans les carrières qui bordent la route. Ils étaient plus nombreux les jours de pluie. Ils plongeaient dans les flaques d'eau et réapparaissaient en flammes vertes, bleues, jaunes, rouges, toujours sautillant afin de l'aveugler. Lorsqu'il avait *juré* plusieurs fois après eux, les feux-follets disparaissaient : ils ne peuvent entendre le nom de Dieu, même en juron.

*
* *

La mère Mélie est sourde : « c'est de la faute aux follets ». Elle rentrait au village (toujours le soir), portant sur son dos un fagot d'herbe, pour sa vache. Les follets voltigeaient, sans cesse, autour d'elles. L'un d'eux, très brillant, vint plonger dans une flaque d'eau, presque à ses pieds. Quoique chargée, elle sauta, à pieds joints, dans la flaque d'eau, pour y noyer le follet. Elle l'aperçut aussitôt, quelques pas plus loin, et l'entendit pousser un ricanement strident. Au même instant, ses oreilles bourdonnèrent, « comme si toutes les cloches de Chartres avaient été auprès d'elle ». Elle les entend toujours sonner. Voilà pourquoi la mère Mélie est sourde !

Un pauvre diable, légèrement aviné, festonnait un soir sur le chemin, bien droit pourtant, qui devait le ramener à sa chaumière. Un flamba sort d'une fondrière, sautille devant ses yeux papillotants, l'éblouit, l'égare, lui fait traverser chaumes et guérets, le mène, le ramène, enfin le conduit en face d'une route « unie comme un miroir ». Le malheureux avance d'un pas : Pouf ! le voilà barbotant dans le fossé, plein d'eau, situé derrière son jardin. Il crut aussi entendre, en se relevant, l'éclat de rire du flamba qui était arrivé à ses fins.

CHAPITRE VI.

COUTUMES. — TRADITIONS. — SUPERSTITIONS DIVERSES.

§ I. — *Coutumes religieuses.*

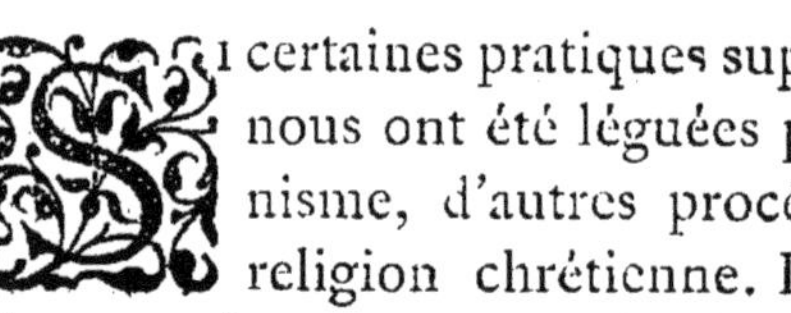

Si certaines pratiques superstitieuses nous ont été léguées par le paganisme, d'autres procèdent de la religion chrétienne. L'Eglise, en admettant les pactes avec les démons, en reconnaissant les possessions, en pratiquant les exorcismes, fit éclore, chez les esprits simples, la croyance au diable et aux sorciers.

D'autre part, la foi ne fut malheureusement, pendant plusieurs siècles, trop souvent invoquée que pour couvrir la spéculation.

En ce temps-là, certains monastères firent un honteux trafic de reliques incertaines ou absolument fausses. Nous ne parlerons que pour mémoire de la ceinture de sainte Marguerite, du prépuce de Jésus-Christ, que les bonnes gens appelaient le *saint précipuce*, du lait de la sainte Vierge, d'une des larmes versées par le Christ sur la mort de Lazare. Ce trafic rapportait des milliers de livres de rente à ces moines qui rappelaient les prêtres de Cybèle, débitant leurs amulettes dans les carrefours. La saine morale et la beauté de la doctrine chrétienne disparaissaient sous ce composé de superstitions grossières.

Les théologiens ont d'ailleurs flétri ces croyances et ces pratiques superstitieuses. Mais ils ont trouvé une vive résistance dans la naïveté et la crédulité populaires. Ils n'ont pu, par exemple, détruire ces croyances : qu'en récitant certaines oraisons, en portant certains signes extérieurs, on ne mourra point en péché mortel, on ne sera point blessé dans les combats, on obtiendra de Dieu tout ce qu'on lui demandera, on délivrera une âme du purgatoire, on verra la Sainte Vierge avant de mourir, on ne demeurera en purgatoire qu'un certain temps, etc.

*
* *

Dans cet ordre d'idées, il est facile de reconnaître la superstition de la prière ridicule que l'on appelle *la Patenôtre blanche*, dont les zélateurs, qui sont en assez grand nombre à la campagne, promettent infailliblement le paradis à ceux qui la disent tous les jours :

« Petite Patenôtre blanche que Dieu fit, que Dieu dit, que Dieu mit en paradis. Au soir m'allant coucher, je trouvis trois anges à mon lit couchés, un aux pieds, deux aux chevets, la bonne Vierge Marie au milieu, qui me dit, que je m'y couchis, que rien ne doutis ; le bon Dieu est mon père, la bonne Vierge est ma mère, les trois apôtres sont mes frères, les trois vierges sont mes sœurs. La chemise où Dieu fut né, mon corps en est enveloppé, la croix sainte Marguerite, à ma poitrine est écrite. Madame va sur les champs à Dieu pleurant, rencontrit M. saint Jean. — M. saint Jean d'où venez ? — Je viens d'Ave Salus. — Vous n'avez point vu le bon Dieu ? — Si est, il est dans l'arbre de la croix, les pieds pendants, les mains clouants, un petit chapeau d'épine blanche sur la tête. Qui la dira trois fois au soir, trois fois au matin, gagnera le paradis à la fin. »

Il convient de rattacher à ce genre de prières grotesques, les incantations des *guérisseux* et les invocations des personnes atteintes de fièvres, maux d'yeux, érésipèles, etc. Ces inspirations baroques se ressemblent étrangement. Il nous suffira d'en citer quelques-unes pour les connaître presque toutes.

Pour guérir les maladies de la vue :

a) « Saint Jean, sainte Vierge et tous les saints du Paradis, guérissez l'œil de X... *(nom et prénoms du malade)*. Maille, que tu sois ongle, migraine ou araignée, je t'ordonne de quitter cet œil au nom de Notre-Seigneur Jésus-Christ. »

Faire le signe de la croix avant, pendant et après la conjuration, souffler dans l'œil du malade et lui ordonner de dire trois *Pater* et trois *Ave*.

b). « Je ne ferai que ce qu'il plaît à Dieu.

Au nom de Dieu et de la Sainte Vierge, si c'est une tache, que Dieu la détache; si c'est le dragon, que Dieu le confonde; si c'est une fleur, que Dieu l'anéantisse; si c'est l'ongle, que Dieu le décombre ! »

Répéter cette oraison le matin, avant le lever du soleil, jusqu'à complète guérison. Y joindre cinq *Pater* et cinq *Ave*, en mémoire des cinq plaies de Notre-Seigneur Jésus-Christ.

c). — « Fleur, si tu es blanche, que tu déblanches; si tu es rouge, que tu dérouges, si tu es bleue, que tu sortes de ces yeux, au nom de sainte Claire et de la sainte Trinité. »

Dire cinq *Pater* et cinq *Ave*, en l'honneur des trois personnes de la sainte Trinité et de sainte Claire.

Pour guérir le mal de dents :

« Sainte Appoline, assise sur une pierre de marbre, Notre-Seigneur, passant par là, lui dit : Appoline, que fais-tu là ? »

— Je suis ici par mon chef, par mon saint, pour mal de dents.

— Appoline, retourne-toi, si c'est une

goutte de sang, elle tombera ; si c'est un ver, il mourra.

Cinq *Pater* et cinq *Ave*, en l'honneur de Notre-Seigneur. »

*
* *

J.-B. Thiers flétrit toutes ces pratiques absurdes, ainsi que les suivantes qui se commettaient à l'occasion de la messe de minuit :

Faire boire les chevaux et les bestiaux, au retour de la messe de minuit, avant d'entrer dans la chambre où l'on couche et avant de parler à personne, afin de les guérir ou de les préserver du mal.

Garder du pain bénit de la messe de minuit et le porter sur soi, pour n'être point mordu des chiens enragés.

« En certains lieux, les bergers et les bergères s'empressaient à qui irait le premier ou la première à l'offerte de la messe de minuit dans la croyance que celui qui irait le premier ou que celle qui irait la première aurait, cette année-là, les plus beaux agneaux de la paroisse.

En d'autres lieux, chez les laboureurs, le premier qui revenait de la messe de minuit prenait une pelletée de cendres, et la mettait à part.

Le premier qui revenait ensuite de la messe du point du jour et le premier qui revenait de la messe du jour en faisaient de même ; puis ils mêlaient ces trois pelletées de cendre avec le blé qui devait être semé aux semailles prochaines, et ils s'imaginaient que cela empêchait la *brouère*, c'est-à-dire la nielle, « *l'ivraie* » qui rend les blés noirs, aussi bien que le pain qui en provient.

Il y en a aussi qui, pour le même effet et dans la même vue, fermaient la porte du logis sur eux, au retour de la messe de minuit, ramassaient les cendres du Tréfouer de la Bûche de Noël et les mêlaient avec les grains qui devaient servir, l'année suivante, pour ensemencer les terres. »

Mettre aux arbres fruitiers une ceinture de paille, pendant la nuit de Noël, les préserve de la gelée.

Si la lune éclaire pendant la messe de minuit, les bergeries et les récoltes ne prospèrent pas. Tout réussit au contraire, s'il fait obscur.

Tous les trésors enfouis sont ouverts pendant que le prêtre récite la généalogie de Notre-Seigneur.

Si l'on peut dire trois *Ave Maria* entre les deux élévations, on n'aura pas de mauvais songes.

En enterrant trois épingles ou trois aiguilles durant l'élévation, on est guéri du mal de gorge.

Toutes ces superstitions n'ont plus cours dans nos campagnes, et c'est à titre de souvenirs que nous les avons rappelées ici.

§ II. — *Coutumes.— Croyances.— Dictons.*

1° *Sur l'Homme.*

Teint. — A la campagne, la beauté du visage réside surtout dans les *belles couleurs.* *(Cf. IIIe partie, chap. V, § Ier).*

On dit d'une personne haute en couleur :

— All' est rougeaude comme une pomme d'api. All' est belle comme un astre.

Cheveux. — Les femmes (qui ont les cheveux) rouges font tourner le lait.

— Ses cheveux frisent comme des dents de herse.

Dents. — On dit que les dents tombent si l'on fait des mensonges.

Nez. — Mieux vaut laisser son enfant morveux que lui arracher le nez.

— Visible comme le nez au milieu du visage.

— Il est resté la goule sous le nez. (Ebahi).

Oreilles. — Quand les oreilles vous *sonnent*, on parle de vous : oreille droite *moquette*. (On se moque) ; oreille gauche, *bonne cause*. (On dit du bien).

Yeux. — Il a les yeux en vrille.

— Il crie comme un aveugle qui a perdu son bâton.

Une personne dont les yeux louchent s'appelle *calorgne*.

Langue. — Il a le *sublet* bien pendu.

— La femme qui lui a coupé le filet a ben gagné ses cinq sous.

Mains.—Il a un poil dans le creux de la main.

— Mains froides, cœur chaud.

— Il a la main *croche* comme un Normand.

Ongles. — Si une mère coupe les ongles d'un petit enfant, avant de l'avoir mené à l'église, il mourra dans l'année.

Les taches blanches, aux ongles, sont autant de mensonges (d'autres disent : autant de péchés mortels) faits par la personne qui les a.

— Les jaloux, seuls, ont des taches aux ongles.

Pieds. — Pieds froids, cœur chaud.

Divers.— Il a un ventre comme un capucin.

D'une personne maigre : All' est comme les biques, all'a la graisse en dedans.

D'une personne maladroite : All' est gauche comme un.prêtre normand.

D'une personne paresseuse : All' est faignante (fainéante) comme un curé.

*
* *

2° *Sur les animaux*

Abeille (1).— *(Mouche à miel)*. Si les abeilles essaiment beaucoup, l'année sera bonne.

Après la Saint-Laurent, les abeilles n'essaiment plus.

Deuil : (Cf. *IIIe partie, chap. VI, § II : La mort.*)

La ruche s'appelle un panier.

Pour rassembler les essaims, on frappe sur des chaudrons ou des casseroles.

Alouette. — On assure que les alouettes,

(1) Les noms vulgaires, ou patois, sont mis entre parenthèses.

en s'élevant dans les airs, croient qu'elles vont monter jusqu'au ciel ; c'est pourquoi elles disent : *Je n' faut'rai plus, je n'faut'rai plus*. En redescendant, elles chantent de dépit : *J'fautrai cor', j'fautrai cor'* (encore).

Ane. — (*Bourri*). — Sanglé comme un âne de dix écus.

Traître et méchant comme un âne rouge.

Anguille. — Il se faufile comme une anguille.

Araignée. — (*Erignée*). — Araignée du matin,
Chagrin ;
Araignée du midi,
Souci ;
Araignée du soir,
Espoir.

Si l'on voit une araignée filer en descendant du plafond, c'est signe qu'il vous arrivera de l'argent.

On dit que certaines grosses araignées, en passant sur les lèvres d'une personne, lui donnent un cancer.

Belette. — (*B'lett'*). — Il se fourre partout, il est comme une b'lett'.

On dit que les belettes viennent mange-les œufs dans les poulaillers.

Bœuf.— (*Bœu*).— Taureau (*Toriau* ou *Banaud*. — Le *toriau banal* est le taureau d'une ferme, qui sert d'étalon.— Un jeune taureau s'appelle un *torin*. — Une jeune vache, *taure* ou *bedon*.

Bœufs, taureaux et vaches portent souvent le nom de la couleur de leur robe : *noire*, *rouge*, *caille*, *bringelée*, etc.

— Quand une vache est en *chasse*, on la mène au banaud (B).

Le veau, *sauf vou'l respé*, s'appelle *viau*.

Les trayons se disent *trillons*.

Les vaches *muglent*.

Une vache qui a mangé de l'herbe mouillée est *empansée*.

On dit que l'œil des vaches grossit les choses ; elles voient les hommes gros comme des maisons.

— Méchant comme une vache enragée.

— Il est *étalé* (allongé) comme un viau.

*
* *

Caille. — Plus il y a de cailles, moins le grain est cher.

— Plus la caille répète de fois son chant, plus le grain est cher, de là ce dicton :

Plus la caille carcaille,
Plus chère est la semaille.

Les cailles disent :

Sèm' ton blé !
Paie tes dettes !

Canard. — (*Canâ*). — Les jeunes canards se nomment *canets*.

— Lorsque les canards *s'éplumichent*, ou lorsqu'ils plongent à plusieurs reprises dans l'eau, c'est signe de pluie.

Carpe. — Bâiller comme une carpe.

— Il est frais comme une carpe qui est depuis quinze jours sur la paille.

Cerf-volant. — C'est le nom vulgaire de la *Lucane*.

Cet insecte noir ailé jouit, en Beauce, notamment dans le canton de Voves, d'une propriété mystérieuse : sa tête est un talisman qui fait obtenir au conscrit un *bon numéro*. (Cf. *IIIe partie, chap. IV, § IV, Les Conscrits.*)

Dans le canton de Champrond-au-Perche, le même insecte est considéré comme un talisman contre les charmes des physiciens qui *vous charment la vue*. En portant sur soi la tête de cet insecte, on n'est pas leur dupe.

Chardonneret. — (*Cherdronnet, échardonnet, écherdronneret, échardronneret*) — Un nid de chardonnerets, dans le jardin, porte bonheur. S'il y a une jeune fille dans la maison, elle se mariera dans l'année.

Chat. — Manger dans l'écuelle aux chats, ou seulement dans une assiette léchée par un chat, enlève les *ourillons* (oreillons).

— Avoir l'air d'un chat écorché, se dit d'un enfant chétif.

— Ils sont comme chien et chat, ils ne peuvent se sentir.

Si l'on donne du pain bénit à un chat, il devient enragé.

Si l'on coupe les moustaches d'un chat, il ne sent plus les souris.

Un chat adulte, emporté très loin, même à vingt lieues, revient à la maison, le lendemain.

La chatte qui met bas *chatonne*. Pour se débarrasser des chats, on les noie en leur attachant une pierre au cou.

Dans le Perche, on coupe le bout de la queue des jeunes chats, pour « tuer le ver » qui s'y trouve et les ferait mourir.

Chat-huant. — *(Chahouan)*. — C'est un oiseau de mauvais augure *(Cf. IIIe partie, ch. VI, § 1er : La Mort)*.

Le chat-huant dit à la chouette :

Viendrai-je ? Viendrai-je ?

La chouette répond :

Mais ouai ! Mais ouai !

On dit : malin comme une chouette.

Nos vieux paysans ont remarqué que le hibou, qui était autrefois absolument nocturne, sort maintenant, très fréquemment, en plein jour, sans paraître incommodé par les rayons du soleil.

Chauve-souris. — *(Chausse-souris, soursouris, chaude-souris.)*

Autrefois on les clouait aux portes des granges, comme les chats-huants.

On dit qu'elles sont aveugles.

— Le heurt d'une chauve-souris, dans la figure d'une personne, fait devenir cette personne aveugle.

*
* *

Chenille. — *Ch'nille, chénille*). Pour se débarrasser des chenilles, voici un moyen très facile et peu banal : en prendre 9, 11 ou 13, (un nombre impair) les porter à un carrefour de quatre chemins, les déposer à terre, en leur faisant prendre une direction opposée à celle de la maison.

Chaque année, à l'époque de l'échenillage, préfets et maires pourront l'indiquer à leurs administrés ; quoique peu connu, le procédé est tombé dans le domaine public !!!

Cheval. — (*Ch'vau, j'vau).* — La jument (*j'ment, jeument).* Noms des chevaux : *pommelé, péchard, souris, noir,* etc.

Pour les faire avancer : *hue, hi, dionc !*

A droite : *huo-hue !*

A gauche : *dia* !

Pour modérer l'allure : *là, là, ho, là !*

Pour qu'ils s'arrêtent : *Oh !*

Pour les faire reculer : *rrrû, urrieur, rrr' !*

Lorsque plusieurs chevaux sont attelés à la même charrette, ils portent les noms suivants : le *limonier*, le cheval de *cheville*, le cheval *de devant*.

Les harnais (*harnas*) s'appellent : *doussière*, *sourventrière*, *évaloire*, etc.

— Le cheval voit tout, très gros : un homme lui paraît gros comme une maison.

— L'allure du cheval est plus vive en revenant vers son écurie, on dit qu'il sent l'avoine.

Chèvre. — *(Bique).* — Le bouc *(bou)*, par sa forte odeur, empêche les épidémies ; c'est lui qui prend le mauvais air. D'une personne méchante : c'est une mauvaise chèvre.

— Les enfants qui ont tété une chèvre sont plus lestes que les autres.

Chien. — Un grand chien : *batiaud ;* un jeune chien, *chiot.*

— Se regarder en chiens de faïence (en ennemis).

Les dents du chien s'appellent des *naquets*.

— Entre le froid et le chaud, il y a la longueur d'un chien. (Allusion au museau toujours froid du chien.)

— Nager comme un chien de plomb.

— Entre chien et loup. (A la brune.)

Si un chien a, pendant la nuit, un aboiement prolongé, on dit qu'il *hurle à la mort*.

De même qu'aux chats, on coupe la queue des chiens pour *tuer le ver*.

Coccinelle.— (Bête à bon Dieu).— La coccinelle porte chance. *(Cf. IIIe partie, chap. III, § II et chap. IV, § IV.)*

Colimaçon. — (Lima à coque). — Marcher comme un lima. (Aller lentement.) Pour faire sortir les cornes d'un *lima. (Cf. IIIe partie, chap. III, § II.)*

*
* *

Coq, Poule. — (Co'). — Le coq *chausse* les poules.

L'œuf laissé dans le nid de la poule, pour qu elle revienne y pondre, se nomme *nichet*.

Langage des coqs :

— *Ah! que l'hiver est long!*
— *Qui qui l'pass'ront!*
— *Ceux qui pourront!*

— Un bon co' n'est jamais gras.

— Embarrassée comme une poule mouillée.

Le jour de Saint-Jean-Porte-Latine, on veillait autrefois les poules couveuses. A minuit, on les enlevait du nid, parce que :

Saint-Jean rencontrant poules couvant,
Leur tortille le cou en passant
Ou meurent dans l'année bêtes ou gens.

— Si l'on jette les coques d'œufs dans le feu, cela fait souffrir un saint.

Une poule éclose en mars pondra davantage.

On met un morceau de fer à cheval dans le nid des poules pour les préserver du tonnerre.

Les poulets, nés d'œufs que l'on a mis à couver le jour de Saint-Jean, sont plus gros que les autres.

Si l'on veut que les poules pondent beaucoup et de bonne heure, il faut leur donner des crêpes à manger le jour de la Chandeleur.

Quand les poules se roulent dans la poussière, c'est signe de pluie.

Une poule qui *chante le coq* présage un malheur.

Les tout petits œufs de jeunes poulettes, sont, dit-on, pondus par les coqs. Si on les faisait couver, il en sortirait des serpents.

— Se passer plusieurs fois sur les yeux un œuf frais pondu, éclaircit la vue.

— Si l'on donne du pain bénit aux poules, elles deviennent enragées.

Corbeau, Corneille. — (*Corbiau, cornille.*) Le corbeau doit à son plumage noir de passer pour un oiseau de malheur.

— N'y a point d'cornille qui n'trouve ses cornillons biaux.

Coucou. — Si, la première fois de l'année qu'on entend chanter le coucou, on a de l'argent dans sa poche, on en aura jusqu'au printemps prochain.

Si le coucou vient de bonne heure, la récolte sera bonne ; s'il est en retard, les grains mûriront tard également.

D'après une croyance des habitants de notre Beauce, les oiseaux s'accoupleraient le 19 mars, jour de saint Joseph. Tous,... excepté le coucou, bien entendu.

— Avoir les yeux rouges comme un coucou.

Crapaud, Grenouille. — (*Crapiaud, guernouille, guernazelle.*)

Le crapaud passe pour téter les vaches.

— Lorsqu'un crapaud est blessé, il jette du *v'lin* par tous les pores.

— Sauter comme un crapaud.

Les crapauds annoncent la pluie, lorsqu'ils se montrent en nombre.

Quand on entend chanter les grenouilles, c'est signe de beau temps.

*
* *

Dindon.— (*Co'd'Inde, coudrou*). — On dit : orgueilleux comme un dindon.

Ecureuil. — (*Ecureux*). — Aimer les noix comme un écureuil.

Faucheux. — On arrache les pattes des faucheux et on les met dans sa main ; si elles continuent à remuer, c'est signe qu'on aura de la chance.

Fouine. — *Fouinassier*, qui agit de ruse. — Rusé comme une fouine.

Fourmi. — (*Froumi*). — La fourmilière s'appelle *fromillière*.

— Il n'est pas plus fort qu'un' froumi.

Geai. — (*Gé*). — Il est *coléreux* comme un *gé*.

Dans les mariages de mai
La pie bat le geai. (B.)

Les geais ont très mauvaise réputation ; ils se querellent souvent entre eux ; ils *battent du bec* leurs femelles ; ils disent des *sottises* aux enfants qui dénichent leurs œufs ou leurs petits.

Grillon. — (*Grésillon*). — On ne tue jamais les grillons ; ils portent bonheur à la maison.

Guêpe. — Fin comme une guêpe. (Rusé.)

Hérisson. — (*Urisson*). — On prétend que les hérissons vont téter les vaches.

On accuse aussi le hérisson de donner certaines maladies aux vaches.

Hirondelle. — (*Hérondelle*). — L'hirondelle

porte chance à la maison où elle fait son nid.

On consulte le vol de l'hirondelle pour savoir s'il fera beau ou s'il pleuvra.

— La fiente de l'hirondelle rend aveugle, si elle tombe dans les yeux.

— Il vole comme une hirondelle (se dit d'un cheval qui court très vite.)

Lapin. — Le lapereau se dit : *lapineau.*

— Il court comme un lapin.

— Le lapin se *musse* (se cache).

Lézard. — Le lézard vert se nomme *vert-creux.*

On prétend que le lézard aime mieux l'homme que la femme.

Lièvre.— (*Yèvre, Yeuvre*).— Le levraut se dit *yévraux.*

La hase se nomme *yévresse.*

La rencontre d'un lièvre le matin est d'un mauvais présage... sauf pour le chasseur.

Loup. — Il a vu le petit loup.

Les loups-garous. Les meneurs de loups (*Cf. IIe partie, chap. IV, § IV.*)

Moineau — *(Pâsse)*. —
— Pillard comme un moineau.
— Ecervelé comme un moineau.

Mouton, Bélier, Brebis. — *(Bèyier, Bèguier, Bourd) (Berbis) (Igneau, Ignelle)*.

Pour appeler les moutons, les bergers leur crient : *Proue, proue, prrr, quien, quien, prr.*

*
* *

Papillon.— Quand on voit, le soir, de petits papillons blancs voler dans la maison, c'est signe de mort.

Perce-oreille. — *(Pince-oreille, Cure-oreille)*. — Si un perce-oreille pénétrait dans l'oreille d'une personne, il la ferait mourir en mangeant sa cervelle.

Pie. —*(Margo, Caracaca)*. – Si les pies font leur nid dans le jardin d'une ferme où il y a une jeune fille, elle se mariera dans l'année.

Quand les pies font leur nid dans le haut des arbres, l'année sera pluvieuse. Lorsqu'elles le mettent au milieu de l'arbre, l'année sera sèche.

Si, en partant en voyage, on voit une pie :

malheur. Si l'on en voit deux : bonheur ; trois : mariage ; quatre : baptême.

Pivert. — (*Pivart*). — Quand le pivert chante, c'est signe de pluie.

Porc. — En Beauce, quand un porc pèse *six-vingt*, *sept-vingt*, on dit : il est *raisonnable*, le v'là bon à tuer. (*Cf. même chapitre, § II : Fête à Boudin.*)

Le groin se dit *guérouin*.

On dit en plaisantant : *nol' nobl', nol' mossieu'*.

On l'appelle *pourciau* ou *goret*.

— Sale comme un goret.

Pou. — On dit d'un enfant qui se gratte. « Tu les changes de parc. » (Tes poux).

L'œuf du pou se nomme *lende*.

Rêver de poux, c'est signe d'argent.

Puce. — Rêver de puces : chicane de femmes.

— Fort comme une puce.

— Donner son cœur à Dieu et son cu' aux puces. (Aller se coucher.)

*
* *

Rat. — Il arrive que des rats émigrent, en grand nombre, d'une ferme dans la ferme voisine. On dit que ce sont des *rats envoyés* par un ennemi (sorte de sorcier) qui *en veut* au fermier.

Reptiles. — Les reptiles, quels qu'ils soient, sont très redoutés ; le paysan craint leur *v'lin* et les tue tous, sauf le lézard. Il les accuse aussi de téter les vaches.

L'aspic a un A sur la tête, la vipère a un V, la couleuvre a un C.

— Méchant comme un aspic.

Sangsue. — (*Sangsure*). — Il est collant comme une sangsure.

Souris. — Il grouille comme une pochetée de souris.

— Les souris *enterront* (entreront) dans la *mai.* (Se dit d'un ménage où l'homme est plus petit que la femme).

Taupe. — Aller dans le royaume des taupes (mourir).

Tique. — Rond ou plein comme une tique. — Saoûl comme une tique.

*
* *

3° *Sur les Arbres et les Plantes*

Avoine. — (*Aoine*). — Si l'on fait des crêpes à la Saint-Antoine, on aura beaucoup d'avoine.

La folle avoine est appelée *avron*.

Blé. — On voit sur un grain de blé la figure de Jésus-Christ.

Buis. — (*Buis*). — On met du buis bénit dans les greniers à fourrage, afin de chasser les vers.

On en met dans tous les locaux, pour les préserver de la foudre.

Le jour des Rameaux, on en porte une branche dans les champs ensemencés, pour faire profiter le grain et le préserver de la grêle. (Anciennement, c'était pour déjouer les maléfices).

Châtaigner. — Le fruit s'appelle *châtagne* ou *châtigne*.

Les enfants disent que les châtignes crues donnent des poux.

Chêne. — (*Cf. Culte des Arbres, IIe partie, chap. I, § VI.*)

— Haut comme un chêne.

Pour préserver les vaches de la *cocotte*, on leur mettait des colliers de chêne.

Coudriers. — (*Cf. Sourciers, IIe partie, chap. IV, § II*).

Euphorbe. — Si le suc de l'euphorbe touche les yeux, on devient aveugle.

Fraisier. — (*Cf. Engelures : Remèdes populaires, IIe partie, chap. III, § VI.*)

Gui. — Le gui d'épines blanches guérit la fièvre, la colique, la jaunisse.

Joubarbe. — La joubarbe était employée autrefois comme aphrodisiaque.

Marguerite. — On consulte la marguerite pour savoir si l'on est aimé ; l'on dit, en effeuillant ses pétales : *Elle m'aime, un peu, beaucoup, passionnément, pas du tout.*

Le dernier pétale donne la réponse.

Noyer. — (*Calottier*). — Les fruits s'appellent des *calôts.*

La feuille de noyer chasse les puces.

(*Cf. Ampoules, Rhumatismes, aux Remèdes populaires, IIe partie, chap. III, § VI*).

Oseille. — (*Ousille*). — Sûre comme de l'oseille.

On dit à quelqu'un qui passe vite et sans adresser une parole :

— Tu passes ben fier, t'as don'mangé de la soupe à l'ousille.

Persil. — Le persil fait tarir le lait.

— Il doit être semé par un enfant ou par un insensé, si l'on veut qu'il lève.

Pissenlit. — On le consulte, lorsqu'il est en graine, pour savoir si l'on est aimé : si, en soufflant dessus, toutes les graines s'envolent, on est beaucoup aimé ; s'il en reste quelques-unes, on l'est un peu moins ; s'il en reste beaucoup, on l'est très peu.

On interroge, de la même manière, le pissenlit pour savoir l'heure qu'il est, ou le nombre d'années que l'on a encore à vivre.

— Jaune comme un pissenlit.

Plantain. — (Cf. *Coupures : Remèdes populaires.*)

Pois. — (Cf. *Verrues : Remèdes populaires.*)

Sureau. — On plantait autrefois du sureau auprès des habitations pour garantir le bétail des maléfices.

4° *Sur les Météores.*

Arc-en-ciel. — On croit que c'est l'arc-en-ciel qui *tire* de l'eau. S'il a l'une de ses extrémités dans un étang et l'autre à l'ouest (vers l'Océan) : l'arc-en-ciel *pompe* de l'eau, c'est de la pluie pendant plusieurs jours. (Cf. *Pronostics, IVe partie, chap. V, § 1*).

— Arc-en-ciel, le matin, met la pluie en chemin.

— Arc-en-ciel, le soir, donne bon espoir.

Aurores boréales. — Lorsqu'un immense nuage rougeâtre s'étend vers le nord, (telle la lueur sinistre d'un vaste incendie) un grand nombre de paysans disent qu'une guerre est proche. Ils rappellent alors qu'au commencement de l'année 1870, semblable fait se produisit. D'autres paysans superstitieux ajoutent que ce sinistre présage marque le courroux céleste ; ils bornent là leur interprétation de ce phénomène. Bien rares sont cependant aujourd'hui ces arriérés qui persistent dans ces croyances ; l'on ne croit plus guère au surnaturel, au moins en ce qui concerne ces phénomènes d'ordre physique ; et les pluies de sang, de soufre ou de crapauds sont maintenant ramenées à des explications plus vraisemblables : des trombes qui laissent choir, à un moment donné, des amas de particules minérales de coloration rougeâtre, de pollen, ou d'animaux, qu'elles ont aspirés dans les forêts ou dans les étangs.

Comètes. — On croyait autrefois que les comètes, comme les aurores boréales, annonçaient la guerre, ou encore la fin du monde.

Eclipses. — (*Esclipe, éclisse.*) — Les esclipes n'annoncent rien de bon.

Etoiles. — (*Cf. Pronostics.*) — On dit qu'une étoile filante est une âme qui sort du purgatoire pour aller au paradis.

Si l'on fait une courte prière, quand passe une étoile filante, on délivre une âme du purgatoire.

Si l'on exprime un vœu, il sera exaucé.

Grêle. — Quand il grêle, il faut jeter de l'eau bénite sur la vigne.

*
* *

Lune. — Les vieillards prononcent *leune*; le croissant, *crèssent*; le décours, *décoû* (P.).

On voit, dans la lune, un meunier chargé d'un sac de blé ou bien un homme qui porte un fagot de bois : c'est un voleur condamné à errer ainsi à travers l'espace jusqu'au jugement dernier.

La lune a une grosse influence sur le vent et la pluie. (*Cf. Pronostics.*)

« Avant d'entreprendre un voyage, avant de commencer un travail, disaient les anciens, consulte l'âge de la lune ». Nos paysans ont conservé cette croyance, en l'influence de la lune sur les actes de la vie humaine ; mais les avis sont partagés sur certains points. Cependant le décours est généralement considéré comme favorable au soutirage du cidre et du vin, à la mise en bouteilles, aux semailles, etc. Pour couper les bois, faucher les foins, tondre les moutons, le décours est encore le moment propice. Toutefois, si l'on se coupe les ongles, en décours, on a des *envies*.

— La lune *mange* les nuages.

On dit que la lune ment : lorsqu'elle a la forme d'un D, elle croît ; lorsqu'elle a la forme d'un C, elle décroît.

Neige. — Quand la neige tombe, on dit : Il *barvolle* de la neige.

Si on a *frel* (froid) au talon, c'est signe de neige.

Lorsque la neige est longtemps à fondre sur la terre, on dit qu'elle en attend d'autre.

Orage. — L'orage est légitimement redouté des paysans, en raison des dégâts qu'il entraîne : inondation, grêle, incendie. Pour se garantir du tonnerre, on a recours aux préservatifs suivants :

On allume dans la maison un cierge, bénit le jour de la Chandeleur.

On jette de l'eau bénite aux quatre coins de la chambre.

Le jour des Rameaux, on a placé, dans cette même intention, une branche de buis bénit dans tous les locaux renfermant bêtes, gens et récoltes.

Les tisons, provenant des feux de Saint-Jean, ont la même vertu que le buis bénit.

A Prunay-le-Gillon, on dit :

— Il toûne, j'aurons de l'ieau si l' vent s'y adoûne.

*
* *

Pluie. — (*Puie, plie*). — Lorsqu'il tombe une pluie très légère, on dit : il *bérouasse* (P.) (*Cf. Pronostics*).

Une pluie très forte : il *chet* de l'ieau à portées.

Si une femme a sa poche retournée ou son tablier à l'envers, elle fera pleuvoir.

Si le soleil brille pendant qu'il pleut :

— C'est le diable qui bat sa femme et marie sa fille.

Soleil. — Les vieillards disent le *soulé*. (*Cf. Pronostics.*)

— Quand on parle du soleil, on en voit les rayons.

Vent. — Lorsque le vent est sud-ouest, on

dit qu'il est en *galerne* ; les anciens disent en *galargne*.

— Le vent a le cu en galerne, j'aurons de l'iau demain.

— La direction du vent qui souffle pendant la messe des Rameaux restera la même pour une grande partie de l'année.

— Tel le vent se couche à la Saint-Denis, tel il se couchera les trois quarts de l'année.

On envoie les enfants chercher la corde à *virer* le vent.

*
* *

5° *A bâtons rompus.*

Sur la table, il ne faut jamais mettre la cuiller et la fourchette en croix, ni placer un couteau sur le dos, cela porte malheur.

Les ménagères ne cuisent plus guère leur pain elles-mêmes : autrefois, cuire entre *les deux Noëls*, c'est-à-dire entre la Nativité et la Circoncision, portait malheur.

Le pain, cuit pendant les Rogations, ne se conserve pas et moisit (P.).

Il faut faire des crêpes le jour de la Chandeleur, afin d'avoir de l'argent toute l'année. La première crêpe est donnée aux poules, afin de les faire pondre davantage.

Si l'on a perdu un objet quelconque, on dit :

Bon saint Antoine de perte,
Faites-moi trouver ce que je cherche.

L'on croit et l'on dit encore dans certains hameaux qu'il ne faut jamais couper la corde d'un pendu, avant l'arrivée de la police ou de témoins.

On ne doit pas faire de lessive pendant les Rogations, parce que la *procession se fait sur le linge*. Il ne faut pas la *couler* un vendredi, on serait mordu par un chien enragé et il n'y aurait pas de guérison. Le même châtiment est réservé aux femmes qui la *découtreraient* pendant la messe. Les femmes prennent bien garde, de ne pas placer en *adent* (sens dessus dessous) les chemises dans la cuve, car, si elles commettaient cette faute, elles mourraient dans l'année.

*
* *

On ne doit jamais mettre une chemise *blanche* le vendredi ; si l'on tombait malade pendant qu'on la porte, on mourrait dans l'année.

A Combres (E.-et-L.), on puise de l'eau le matin de la Saint-Jean, avant le lever du soleil, et à la rivière ; on la conserve jusqu'à la maturité des pommes ; les cidres faits avec cette eau sont meilleurs et se conservent mieux.

L'eau de puits, *tirée* le même matin, chasse les vers du fromage. L'eau bénite a la même propriété (B.).

Retourner, sens dessus dessous, son verre, lorsqu'on offre à boire, laisse croire que l'on veut encore sept verres de cidre (P.).

Les Percherons s'embrassent trois fois.

Si un jeune homme, en versant à boire, se trouve placé sous la *poutre*, au moment où il vide la bouteille dans son verre, il aura la fille de la maison (B.).

Lorsque, dans une partie de cartes, l'adversaire n'a pas marqué un point, on dit : Il a passé sous la table ; ou : il a baisé le c... à la vieille (B.).

Le batteur en grange dit qu'il faut avaler sept boisseaux de poussière avant de mourir.

La cuisinière se contente de trois boisseaux de cendre.

Quand on a ses bas troués, on recevra une lettre le lendemain.

On dit d'une personne qui a des bas mal tirés : All' a ses bas en vis de persoué (pressoir).

Quand une femme perd sa jarretière, son mari lui est infidèle.

Si elle met son bonnet de travers, ou si elle descend du lit, le dos le premier, elle sera de mauvaise humeur toute la journée.

On n'entame jamais un pain sans tracer, avec le couteau, une croix sur le côté plat.

Si l'on dépose un pain sur une table, il faut le placer sur le côté plat, sinon le diable danse dessus.

*
* *

Il est d'usage de se souhaiter la bonne année, lorsqu'on se rencontre au village. La formule est presque invariablement celle-ci : « Je te (ou vous) la souhaite bonne et heureuse. » — A (toi ou) vous pareillement. »

En famille, les plus jeunes vont au domicile des aînés et leur disent, en les embrassant : « Je vous souhaite une bonne année, une bonne santé, accompagnée de plusieurs autres. » Ils ajoutent souvent : « Et le paradis à la fin de vos jours. » La personne embrassée répond : « A toi pareillement » ; ou « A toi *itou*. »

On dit en plaisantant : « Je vous souhaite une bonne année de pain tendre, que la mie vous étouffe, que la *crûte* (croute) vous étrangle ! »

*
* *

Quand on mange son pain bénit *en s'en allant de la* messe, on sera gai toute la semaine (P.).

On dit que le pain bénit de la première

communion se conserve jusqu'au jour où le jeune garçon — ou la jeune fille — commet un nouveau péché mortel (P.).

On croyait autrefois que les bestiaux se mettaient à genoux dans les étables pendant la messe de minuit ; mais malheur au curieux qui aurait voulu vérifier le fait, il aurait eu sûrement à s'en repentir.

Le jour de Pâques, on doit manger des œufs pondus le vendredi saint, pour ne pas avoir de fièvres dans l'année.

Si l'on mangeait des œufs le vendredi saint, on trouverait des crapauds dedans ; d'autres disent des serpents (P.).

§ III. — *Les Surnoms.*

VANT la Révolution, chaque paroisse, chaque individu avait un sobriquet, le plus souvent désobligeant : on disait *une grade.* Les paroisses, transformées en communes, ont reçu, pour un grand nombre, des appellations différentes ; les mœurs se sont épurées : peu à peu, provinces et paroisses ont vu disparaître l'épithète désagréable donnée à leurs habitants.

Inutile de faire revivre ces anciens surnoms qui furent la cause de tant de querelles et de rixes. On citait, comme orgueilleux, les gens de *B.* ; comme niais, ceux de *C.* ; comme voleurs, ceux de *D.* ; comme fous, ceux de *G.* L'intempérance des habitants de *H.* était proverbiale. On prêtait aux cloches un langage rappelant les défauts ou les vices de leurs paroissiens : celles de *J.* criaient : *Crève de faim ;* celles de *K.* disaient : Pintes, chopines. Gens d'....., toujours soif ! ; celles de *L.* appelaient ainsi les fidèles : *Bande de Gueux !*; celles de *M.* hurlaient : *Fous d'M*...

*
* *

Des légendes, quelquefois facétieuses, souvent grossières, confirmaient la raison d'être de ces surnoms. En voici une, sur les gens de M., en Beauce, auxquels on prêtait tous les traits de sottise qui courent le monde : « Un matin, le curé de M. trouve, auprès de son église, une ordure, déposée là par quelque passant indisposé. Navré de cette découverte, le curé va se plaindre au marguillier principal. Celui-ci rassemble le conseil de fabrique qui décide de déplacer l'église, pour qu'elle ne reste pas plus longtemps en contact avec la souillure de l'odorant présent. La cloche appelle les paroissiens qui se rassemblent auprès de l'église. Ils partagent le courroux du curé et l'ingénieuse idée des marguilliers. Il faut agir sur-le-champ. Chacun va chercher *liures,* prolonges, traits, cordes, petites et grosses. Le tout, réuni, fait le tour de l'église, mais les gens ne peuvent se placer tous pour tirer. De vieilles femmes apportent de la laine à tricoter que l'on tresse aussitôt de la grosseur d'une corde ordinaire. Enfin tout le monde est placé ; le signal est donné : on tire ; on avance ; l'église vient ; on tire encore ; on a gagné du terrain. Un marguillier se détache et va voir la distance parcourue : l'ordure est à trente pieds de l'église. Le résultat connu double les forces ; on tire toujours. Tout à coup, la corde casse ! et les pauvres gens de *M.* sont précipités dans la mare, peu profonde heureusement.

Un habitant de N., village voisin, de passage à M., avait déplacé l'ordure ; et le terrain gagné par les *fous de M.* était dû à l'allongement de la laine qui s'allongea, s'allongea si bien qu'elle cassa. »

*
* *

L'habitude des surnoms, quoique moins commune, s'est perpétuée chez les individus. Ils sont tirés, soit du caractère particulier, soit d'un défaut physique ou moral. Ces surnoms se transmettent de père en fils dans les familles dont le vrai nom est souvent inconnu, même des voisins. Voici quelques sobriquets beaucerons : Taudion, Canon, Bouton, Quétine, Va-large, Cahute, Cabouin, Tiquet, Poil-aux-yeux, Poulot, Fricot, Barillon, Clocu, Grand-gosier, Tout-de-bout, Belle-taille, Beausoleil, Gasloup, Le forçat, Vaillard, Le Sabrée, La Limace.

§ IV. — *La Chance. — Les Présages. — Les Songes.*

On ne saurait croire combien est grande l'influence que prêtent nos paysans au temps et aux nombres. Il y a, selon eux, des jours heureux et d'autres malheureux. Le mercredi n'a qu'une médiocre réputation ; mais le vendredi est le jour néfaste par excellence ; on doit éviter, ce jour-là, d'entreprendre un voyage, de commencer un long travail, de changer de linge, sous peine de malheur probable. Si le vendredi tombe le 13, on doit veiller sur tous ses actes, les conséquences en sont terribles et le malheur certain.

Cette superstition du vendredi et du 13 date de dix-neuf siècles : le vendredi rappelle la Passion et le 13, le traître Judas, qui était bien l'un des douze apôtres, mais qui devin le treizième, puisqu'il fut remplacé.

Le nombre 13 est toujours un nombre fatal. Si treize personnes se trouvent réunies à la même table, celle qui tourne le dos à la glace mourra dans l'année. On doit éviter de mettre treize têtes de bétail dans la même étable.

Il y a, pour chaque mois de l'année, des jours fastes ou néfastes ; mais les avis sont partagés et diffèrent suivant les localités. Les mois, eux-mêmes, sont plus ou moins bons ou mauvais. Mars et avril ont une réputation détestable ; ils sont traîtres, sournois à l'égard de notre pauvre humanité.

Les heures, non plus, ne sont pas indifférentes à nos actions. Les heures impaires voient plus de deuil, d'accidents que les heures paires. Celles de la nuit sont préférées par le diable. Un enfant né entre onze heures et minuit n'aura jamais de chance.

Les poulets, nés le vendredi saint, croissent rapidement.

Une personne qui meurt ce jour-là va au paradis directement, parce que les portes de l'enfer sont fermées.

Tuer un animal quelconque le vendredi saint porte malheur.

Il ne faut pas labourer la terre le vendredi saint : la terre saigne.

*
* *

Dicton sur les jours heureux ou malheureux :

Lundi : ennui.
Mardi : cadeaux.
Mercredi : contrariétés.
Jeudi : peines et pleurs.
Vendredi : plaisirs.
Samedi : réjouissances.
Dimanche : amitié.

Entrer dans une maison et y trouver une femme en train de se peigner est un mauvais présage (P.).

Si, en sortant de chez elle, le matin, une femme rencontre un homme, la journée sera bonne.

Il arrivera malheur, si l'on rencontre sur son chemin un prêtre.

Si l'on marche, le matin, à jeun, dans une ordure, la journée sera bonne.

On ne doit jamais dire : « bonne chance »

à un chasseur ; cela le fait rentrer *bredouille*.

Afin de chasser la *guigne* que porterait le souhait malencontreux, et pour éviter à la personne, qui l'a formulé, toute idée de récidive, certains chasseurs répondent aussitôt par une *cambronnade*.

Si, au départ, un chasseur rencontre un prêtre, il rentrera bredouille.

Si des étincelles s'échappent tout à coup du foyer, c'est signe que l'on recevra bientôt de l'argent.

Lorsque la lampe pétille, on aura une lettre le lendemain.

La vue de certains animaux passe aux yeux des paysans pour être un présage de chance ou de malheur : araignées, chouettes, pies, etc. (*Voir même chapitre*, § II).

*
* *

D'après la croyance générale, les rêves doivent être interprétés à l'inverse de ce qu'on a vu ou entendu en dormant : rêver mort, fait supposer qu'on assistera à des noces ; rêver d'une naissance dans la famille fait craindre la mort d'un proche parent.

L'*Astrologue de la Beauce* a « beaucoup vu, beaucoup entendu » ; il doit être compétent en la matière, nous nous adresserons à lui pour connaître l'interprétation donnée aux rêves par les populations beauceronnes et percheronnes :

Si l'on rêve d'une personne éloignée, on la verra prochainement.

Rêver de puces, présage dispute de femmes.

Rêver de chien : paix, tranquillité.

Rêver de loups : malheur, disette.

Rêver à l'eau claire est bon signe.

Rêver à l'eau trouble ne présage rien de bon.

Rêver aux cierges allumés : signe de deuil.

Si l'on rêve aux curés, il arrivera malheur : c'est le plus mauvais songe que l'on puisse avoir.

*
* *

L'explication des songes relatifs au soleil, à la lune et aux étoiles est assez complexe :

Songer qu'on voit le lever du soleil est le présage d'une bonne nouvelle et surtout d'une lettre impatiemment attendue.

Si l'on voit le soleil se coucher, sans qu'il

y ait le plus petit nuage à l'horizon, cela annonce également des choses heureuses ; mais si le soleil est un peu obscur, par l'interposition de quelques nuages, il faut se préparer à recevoir une nouvelle fâcheuse ou désagréable.

Songer que l'on voit le soleil se détacher de la voûte du ciel annonce la mort subite d'un parent ou d'un ami.

Si l'on rêve que le soleil s'éclipse tout à coup et qu'une nuit profonde succède au jour, c'est le présage d'un affaiblissement rapide de la vue et un symptôme de complète cécité.

Songer qu'on voit la lune, dans son deuxième quartier, annonce des peines de cœur.

Voir en songe la lune pleine, signifie, si c'est une fille qui fait ce rêve, qu'elle sera bientôt mariée ; si c'est une femme, qu'elle sera incessamment enceinte et mettra au monde deux jumeaux.

Si l'on rêve qu'on voit la lune s'obscurcir tout à coup et se voiler sous des nuages ténébreux, c'est le pronostic de divisions et de querelles dans l'intérieur de la famille.

Songer qu'on aperçoit dans la lune des créatures humaines, qu'on les entend parler et qu'on échange des paroles avec elles, annonce une prochaine et grave perturbation dans les facultés intellectuelles.

Apercevoir en songe, dans le disque de l'astre des nuits, une profonde dépression en forme d'immense caverne, annonce une perte considérable d'argent, par suite de la fuite de débiteurs qui chercheront un refuge en Angleterre, en Belgique ou aux Etats-Unis.

Songer qu'on voit scintiller les étoiles dans un ciel pur et serein annonce l'heureux arrangement d'une affaire qui causa beaucoup d'embarras et de chagrin.

Si l'on voit en songe le ciel sillonné par des étoiles filantes, c'est l'avertissement d'une prochaine rupture avec un ancien ami.

Songer qu'on ne compte que treize étoiles à la voûte du ciel, annonce un des plus grands malheurs, une des plus grandes catastrophes qui puisse accabler un homme. Avis à celui qui a ce songe, heureusement très rare : qu'il s'arme d'une entière résignation.

Si l'on voit en songe les étoiles se précipiter, se heurter les unes contre les autres dans le ciel, cela pronostique la dissolution d'une société commerciale et une foule de procès qui rendront ennemis irréconciliables les anciens membres de cette société.

*
* *

Le souci de la richesse donne lieu aux interprétations suivantes :

Rêver de poux, c'est signe d'argent ; plus on en voit, plus on sera riche.

L'âne présage des revers de fortune.

La grenouille présage la pauvreté.

Les rats annoncent la disette.

Si l'on *remue* beaucoup d'argent, on aura prochainement une forte dette à acquitter, sans pouvoir se procurer la somme nécessaire.

Si c'est un ami qui *ramasse* de l'argent, on deviendra riche.

§ V. — *Coutumes. — Fêtes. — Divertissements.*

La Fête des Rois

C'est la fête de famille par excellence ; il est peu de maisons, riches ou pauvres, qui ne la célèbrent en rompant le gâteau traditionnel. Le gâteau était autrefois remplacé par la *fouée* ou *fouace*, pétrie par la ménagère, et cuite au four banal, *exprès pour le jour des Rois.*

Cette coutume, très ancienne, rappelle vraisemblablement les Saturnales, chez les Romains. Le christianisme consacra, par des cérémonies religieuses, ces fêtes populaires du paganisme. Dans chaque cathédrale, les chanoines choisissaient, parmi eux, un roi à qui l'on offrait des présents et qui présidait ensuite un grand festin. C'est par esprit d'imitation que les fidèles, rentrés chez eux, tiraient un roi au sort.

« La fête des Rois a conservé, dans nos

contrées, le caractère religieux et naïf du bon vieux temps, dit, en parlant de cette coutume, un de nos compatriotes, M. *Georges Rocher*. Au commencement du souper, toute la famille réunie nomme un président qui est presque toujours la personne la plus âgée et la plus respectée d'entre les convives. Au moment de partager le gâteau traditionnel, un enfant, le plus jeune garçon de la famille, monte sur la table, le président coupe alors une première tranche de gâteau et dit : « — *Tébé* (la fève). — *Domine*, répond l'enfant. — Pour qui, reprend le président. — Pour le Bon Dieu, répond le gamin ». Et elle est mise de côté pour être donnée au premier pauvre qui viendra la demander, ce qui ne tarde jamais. En effet, il y a toujours quelques malheureux qui attendent, à la porte, le moment d'entrer en scène : lorsqu'il est venu, l'un d'eux, le chef de la famille — si c'est une famille pauvre — ou bien le plus âgé, chante sur un air dolent :

Honneur à la compagnie
De cette maison !
Nous souhaitons année jolie.

Et biens en saison;
Nous sommes, d'un pays étrange,
Venus en ce lieu
Pour demander à qui mange
La part du bon Dieu.

Alors tous s'écrient : « La part du bon Dieu, s'il vous plaît! » Et ils reprennent en chœur :

Les rois ! les rois ! Dieu vous conserve !
A l'entrée de votre souper,
S'il y a quelque part de galette,
Je vous prie de nous la donner;
Puis, nous accorderons nos voix,
Bergers, bergères,
Puis, nous accorderons nos voix
Pour chanter les rois. »

Dans certaines familles, on réservait jadis trois parts : une pour le bon Dieu, une pour la bonne Vierge, une pour les Pauvres. En outre, s'il y avait un fils à l'armée, on conservait également la sienne. Si cette part ne moisissait pas, l'enfant se portait bien ; dans le cas contraire, il était malade, ou exposé à quelque danger.

Le choix de sa reine par le roi, les cris :

« *Le roi boit !* », en un mot, toutes les coutumes relatives à cette fête sont les mêmes que dans les autres contrées de la France.

*
* *

Les Brandons.

Un brandon est une espèce de torche, faite avec de la paille tortillée, des épines ou même des branchages, à l'extrémité d'une gaule.

La fête des brandons a lieu le premier et le second dimanche de Carême. Elle a presque entièrement disparu de nos jours. Voici comment elle se passait autrefois :

Vers le déclin du jour, de vives lumières surgissaient, de tous côtés, dans la plaine : c'étaient les jeunes gens des villages, portant chacun un brandon allumé. Courses, rondes, cris, chants, coups de fusils se succédaient. Ils chantaient :

Brandons, brûlez,
Par ces vignes, par ces blés,
Brandons, brûlez,
Pour les filles à marier.

De temps en temps, les jeunes gens s'arrêtaient, et, tous à la fois, frappaient ensemble le même point de terre avec leur brandon, en criant : « *Gerbes à boisseaux.* »

Les gaules étaient ensuite réunies à l'entrée du village ; on en faisait un grand feu autour duquel dansaient garçons et filles.

En portant des brandons dans les champs, les paysans croyaient les préserver des mulots, de l'inclémence du temps, en éloigner l'ivraie et la nielle.

A la fête des brandons se rattache l'étrange coutume suivante :

« Avant 1789, le 24 décembre de chaque année, le peuple de Dreux, au nombre de 1,500 ou 2,000 personnes, toutes à jeun, s'assemblait sur la place publique, portant à la main un gros bâton de chêne, séché à la chaleur du four. A cinq heures, on allumait ces brandons qu'on appelait *Flambarts* ; on se mettait en marche en criant *Noël.* La procession achevée ; on se dirigeait vers le cimetière. Là, chacun se mettait à genoux sur le tombeau de ses parents, enfonçait dans la terre le reste de son flambart qui achevait de s'y consumer ; puis on se retirait après avoir fait une prière. »

*
* *

Feu de Saint-Jean.

La Fête du Feu de Saint-Jean et celle de Noël datent des époques primitives de l'humanité, remontent à nos ancêtres sauvages qui divinisaient les forces de la nature. Elles nous rappellent les fêtes qui s'accomplissaient en l'honneur du plus grand des dieux : le dieu solaire, symbole de vie, de chaleur et de fécondité. Au solstice d'été, on célébrait la force, la gloire, le triomphe du Soleil à son apogée ; au solstice d'hiver, on fêtait sa renaissance, préparant le réveil de la nature.

La signification symbolique de ces fêtes du paganisme s'est perdue ou plutôt s'est transformée en traversant les siècles. Fidèlement pratiquées, au commencement de notre ère, ces coutumes furent adoptées par le christianisme naissant qui les sanctifia. Cependant, bien que devenues chrétiennes, elles conservèrent encore des traces indélébiles de leur origine païenne : le tison sacré du feu de Saint-Jean et la bûche de Noël sont l'image de la chaleur du soleil, et les vertus préservatrices qu'on leur prête rappellent le culte dont cet astre fut jadis l'objet.

La Noël chrétienne, qu'agrémentent toujours les joies du réveillon, la féerie des arbres verts illuminés, les surprises glissées en cachette dans le foyer familial, a conservé, par son mystère de l'Enfant-Dieu, tout son prestige et tout son charme ; tandis que le feu de Saint-Jean a presque complètement disparu. Voici en quoi consistait cette coutume, en nos contrées.

Le 23 juin, à la nuit tombante, — soit sur la place du village, soit auprès de la croix du cimetière, — on allumait d'immenses feux de joie, composés de tas d'herbes, de broussailles et de fagots d'épines : on les appelait *Feux de Saint-Jean*. Au milieu du foyer, se trouvait une énorme branche d'arbre, au haut de laquelle était suspendue une couronne de fleurs naturelles. On dansait autour de ces feux de joie, après toutefois que le curé du lieu fût venu en grande pompe les bénir.

Au commencement du XIXe siècle, un détachement de la garde nationale prenait les armes, à l'occasion de cette solennité.

Des superstitions sont attachées à ces feux qu'on appelait dans le Perche des *marolles*. Pendant que le feu pétillait, les gens s'approchaient du brasier et passaient leur tête dans les flocons de fumée ; ce qui, croyaient-ils, les préservait d'une foule de maux.

Quand le feu était éteint, chacun se précipitait sur les débris du bûcher, que l'on emportait chez soi comme préservatifs de la foudre. Ces tisons de Saint-Jean étaient considérés comme de précieux talismans qui, pendant toute l'année, mettraient le logis à l'abri de l'incendie. Moins crédules et plus prudents, nos cultivateurs d'aujourd'hui leur préfèrent une Police d'assurance. A Lucé, près Chartres, on attribuait, en outre, à ces tisons la propriété d'éloigner les puces.

Si la couronne avait pu échapper aux flammes, on s'emparait des fleurs enfumées, dont la vertu était au moins aussi puissante que celle des tisons.

Dans le Perche, certains fermiers allumaient dans la cour de la ferme de petites *marolles*, dans la fumée desquelles, ils faisaient passer toutes leurs têtes de bétail, afin de les préserver des maléfices ou des maladies.

A part les ridicules superstitions qui s'y rattachent, la disparition de ces vieilles traditions de nos pères est regrettable. Avec leurs chants, elles apportaient une joie naïve et bruyante qui, dans le calme de la nuit, se répercutait de village en village. Par leurs mille feux divers, elles offraient, dans nos plaines unies et dénudées de la Beauce, un spectacle dont le charme le disputait au pittoresque. Les années ont passé, nombreuses, depuis qu'il nous a été donné d'assister à ces réjouissances champêtres ; en évoquant leur souvenir, nous sentons se réveiller en nous l'émotion d'autrefois.

*
* *

Mardi Gras.

On a tellement promené, brûlé, martyrisé, enterré *Mardi Gras* qu'il est bien mort aujourd'hui. Rares maintenant sont les villages où les jeunes gens se déguisent *(courent les gouines*, suivant l'expression beauceronne). C'est à peine si quelques familles font encore des crêpes ce jour-là.

Le bonhomme de paille traditionnel, le chant : *Mardi Gras n' l'en va pas. (Cf. IIIe partie, chap. III, § V*), la parodie de l'enterrement, tout cela a disparu.

*
* *

Pâques.

Pour ce qui a trait à la recherche des œufs (*le pâqueret*) par les enfants de chœur, nous renvoyons le lecteur à ce que nous avons dit dans la *IIIe partie, chap. III, § V.*

A Combres (Eure-et-Loir), il est d'usage, le jour de Pâques, que les jeunes gens *sautent la rivière* (ruisseau de 1m 50 environ de largeur). Autrefois les jeunes mariés devaient, tous les deux, effectuer cet exercice. Maintenant, ils donnent *la pièce* aux jeunes gens du pays qui *sautent à leur place*. Les habitants actuels se souviennent à peine de cette ancienne coutume.

Chassant (Eure-et-Loir) a conservé deux vieux usages, le jour de Pâques : la *Course aux œufs* et le *Jeu de l'oie.*

Il y a, dans la *Course aux œufs*, un planteur et un coureur. Six douzaines d'œufs sont apportées sur la place par les jeunes gens. Pendant que le coureur effectue un trajet déterminé et contrôlé, le planteur doit prendre, un à un, les œufs et les *planter* autour de la place, en laissant entre eux une distance de 1^m 30. Le gagnant devient possesseur des œufs que l'on mange *au cabaret,* le soir, en une agape fraternelle.

Le *Jeu de l'oie* a lieu dans les prés, après la *Course aux œufs* ; jeunes gens et jeunes filles y prennent part. L'oie est suspendue en l'air, les jeunes gens se font bander les yeux et essayent de l'abattre à coups de bâton. On paie o fr. 50 pour en manger, le soir, à l'auberge du village.

*
* *

Grosses Gerbes.

Après la moisson, en Beauce, a lieu la fête de la *Grosse Gerbe*, appelée aussi la *Passée d'août.*

Fermiers, moissonneurs et domestiques de la ferme sont tous réunis, dans la vaste cuisine, en un repas de famille. Le civet de lapin est de tradition, à la *Passée d'août*.

Dans Loir-et-Cher, il est d'usage, après la moisson, que chaque cultivateur fasse une grosse gerbe et l'apporte à l'église : derniers vestiges de la dîme. Il la place sous le péristyle et ensuite sonne la cloche. La vente de ces gerbes se fait à la criée et le produit en est destiné au budget de la fabrique. Cette coutume, très commune autrefois en Eure-et-Loir, a disparu complètement.

La Fête à Boudin.

Si son origine manque plutôt de distinction, la *Fête à boudin* n'en brille pas moins par la gaîté. Dans le principe, cette réunion de parents et d'amis n'avait d'autre but que de hâter la consommation de tous ces hors-d'œuvre, difficiles à conserver, et appelés la *boudinaille*.

Aujourd'hui la *Fête à boudin* n'existe plus

que de nom ; c'est à peine si le boudin parait sur la table : pigeons, poulets, dindons le remplacent avantageusement pour nos estomacs délicats. C'est seulement au départ, lorsque la maîtresse de maison distribue à chacun des convives un échantillon de l'art de la charcuterie, que ceux-ci se rappellent l'origine de la coutume qui vient de les réunir.

On prenait autrefois les choses à la lettre. Le repas de la *Fête à boudin* (ou encore : la *Fête à cochon*), ne comprenait que des plats provenant du *nobl'*. C'était un engloutissement de toutes les victuailles fournies par l'intérieur de la bête : boudins, carpinettes (sortes de saucisses plates), andouilles, *fersure*, *hachis de tête*, etc. Et, bien lestés, ces fils de Gargantua, en quittant la table, emportaient dans les basques de leur habit à queue de morue, *une aune* de boudin et *une couple* de saucisses.

La Joute aux Coqs.

La *Joute des Coqs* fit les délices de nos pères. Elle tint une large place parmi leurs fêtes traditionnelles, leurs réjouissances locales.

Les joutes étaient très goûtées dans l'antiquité; mais les combattants variaient suivant les pays : les Romains avaient les gladiateurs ; les Gaulois, les ours ; les Indiens, les éléphants ; les Espagnols, les taureaux. En Grèce, les coqs étaient déjà les héros des fêtes spéciales de combat.

D'après les investigations de M. Ad. Lecocq, sur ce sujet, il résulte que ce genre de sport n'a été sérieusement pratiqué que dans plusieurs communes des cantons de Brou et de Voves (Eure-et-Loir).

Bien que M. Lecocq se défende d'avoir, grâce à son nom patronymique, un droit incontestable à traiter le sujet *ex professo*, nous prouverons sa compétence en la matière par le récit suivant que nous lui empruntons :

« En Beauce, il était généralement d'usage que la cour d'une ferme servît de théâtre pour le combat. Le lieu choisi était garni de dix ou douze claies de parc à moutons, disposées soit en parallélogramme, soit en forme octogonale, qui étaient maintenues solidement et fixées verticalement au sol par des crosses en bois. Les propriétaires des deux champions avaient seuls le droit de s'introduire dans l'intérieur de cette enceinte, afin de pouvoir exciter leurs coqs à combattre vaillamment. Lorsqu'ils les voyaient suffisamment irrités, ils s'esquivaient hors de cet enclos réservé, et se joignaient à la foule tumultueuse des spectateurs garnissant le pourtour du lieu où se passait la lutte. Lorsqu'il y avait joute dans un village, il était curieux de voir arriver, de deux lieues à la ronde, toute la jeunesse bruyante et tapageuse de la contrée. Heureuse la paroisse qui pouvait se faire accompagner, dans la marche, par un tambour destiné à lui préparer une entrée triomphale dans le village, théâtre du combat. C'était un spectacle intéressant que la vue de cette tourbe tapageuse se pressant autour d'un ou deux jeunes gens, mais rarement trois, qui tenaient chacun sous l'un de ses bras, un combattant, peut-être le héros de la journée, destiné soit à faire la gloire du village qui le patronnait, soit à provoquer des quolibets insultants pour les habitants ; quelquefois, cependant, le vaillant champion était renfermé dans un sac, afin qu'il fût moins effrayé par la bruyante cohue du cortège et les acclamations incessantes des villageois.

Au sortir de l'église, le dimanche, une petite heure après la fin de l'office, lorsque chacun avait pris son repas de midi, les habitants se dirigeaient vers le lieu indiqué pour la joute. Les jeunes gens de l'endroit mettaient la dernière main aux préparatifs nécessaires. Les possesseurs des combattants faisaient avaler à chaque champion quelques bouchées de pain trempées d'eau-de-vie, ou bien plusieurs gorgées de vin chaud aromatisé. Enfin chacun avait, à cet effet, ses petits secrets particuliers, pour provoquer l'ardeur de son coq, qui devenait plus hérissé et plus valeureux. Les plus madrés avaient soin de gratter et de tailler les éperons de leur sujet, pour les rendre plus aigus et par conséquent plus dangereux.

Alors, on comptait le nombre des villages qui avaient répondu à l'invitation, ainsi que le nombre des jouteurs; puis on tirait au sort l'ordre dans lequel chacun devait lutter.

C'était d'abord, par les numéros 1 et 2, puis 3 et 4 et ainsi de suite, suivant ce qu'il y avait de couples. Selon l'usage établi, le vainqueur de la première couple se reposait jusqu'à ce que chacun des champions présenté eût figuré dans l'arène, et les malheureux vaincus devenaient la propriété du maître de leur adversaire. Ensuite la lutte recommençait plus ardente et plus fiévreuse et aussi plus opiniâtrément disputée entre les vainqueurs seulement, par couple également tirée au sort et à tour de rôle; le propriétaire de l'heureux champion du premier combat n'était pas obligé d'accepter ce défi, mais trop souvent l'amour-propre s'en mêlait et les provocations le décidaient à faire rentrer son coq dans la lice; souvent aussi la chance lui devenait contraire et il se voyait dépossédé de son précieux sujet.

On choisissait toujours pour juges du combat deux personnes d'un âge mûr, prises dans les villages d'où sortaient les combattants. Ils décidaient sur les chances des adversaires sur la loyauté des paris, et ils avaient le droit d'adjuger sans appel le coq vaincu au propriétaire du vainqueur. Quelquefois le rachat avait lieu au prix d'un écu de six livres, prix habituel et généralement adopté et d'autres fois il s'élevait à une pistole (10 fr.). C'était ainsi que l'ancien propriétaire obtenait de pouvoir réintégrer son coq favori dans sa basse-cour, tout en conservant l'espérance qu'un combat, plus heureux pour lui, lui ferait une autre fois retrouver la somme qu'il avait déboursée.

A l'époque où nous plaçons ce récit, la couple de poulets se vendait ordinairement $1^f,25$ ou $1^f,50$ et ce prix paraissait exorbitant à l'habitant de nos campagnes.

On a pendant longtemps conservé le souvenir du nom de l'heureux propriétaire qui avait revendu, au fils du fermier de Crossay, son coq vaincu auquel il tenait beaucoup, au prix d'un louis d'or (24 fr.). Mais il est utile d'ajouter que la beauté de l'oiseau, et surtout son éducation pour le combat, en faisait souvent varier le prix.

Au moment où la joute s'engageait, les curieux prenaient fait et cause pour le coq de leur village. Des paris avaient alors lieu, mais ces paris étaient bien modestes, puisqu'une ou deux pintes de vin faisaient souvent les frais de la gageure. Les jeunes gens de Pézy avaient gardé bonne mémoire d'avoir parié, en commun, contre ceux de Voves, *25 pintes de vin* et de les avoir gagnées.

Mais revenons à notre sujet et achevons notre récit historique d'une *Joute aux Coqs*. Le combat est terminé. Voici que maintenant, à la chute du jour, les jeunes gens se rassemblent par groupes, et chacun reprend le chemin de son village. L'heureux propriétaire du héros de la journée se détache du tableau par sa mine épanouie, il est tout enrubanné et sa décoration a lieu aux frais des jeunes gens de la paroisse. D'une main, il tient le valeureux champion délicatement enveloppé, en partie du moins, dans sa blouse, et présentant, comme son maître, sa tête garnie de *fleurets* aux couleurs variées. De l'autre main, il porte une branche de laurier ornée de rubans. Si le laurier manque, un gros rameau de buis cueilli dans le cimetière le remplacera, et cette branche, placée sur le manteau de la cheminée de l'habitation paternelle, sera conservée comme un honorable trophée.

De chaque côté du maître du vainqueur se placent ses deux amis intimes C'est à eux qu'incombe la charge de rapporter les pauvres coqs vaincus ; mais ceux-ci sont dépourvus de rubans, liés par les pattes et portés la tête en bas : *Malheur aux vaincus !* Cette devise a toujours été vraie, chez toutes les nations et pour tous les individus.

On voit alors les hommes parvenus à l'âge de maturité, ainsi que les femmes et les jeunes filles qui n'ont pu assister à la joute, s'avancer à leur rencontre jusque dans les *ousches* du village ; là, chacun veut embrasser l'heureux propriétaire du vainqueur et le féliciter de son brillant succès. Les vieillards et les infirmes, restés seuls à la maison, sont debout et aux aguets sur le seuil de leur chaumière. Leurs vivats énergiques et prolongés annoncent qu'ils prennent une part active au succès obtenu.

Le coq est harassé, blessé, presque mutilé ; mais il guérira et recommencera un nouveau combat.

Cependant notre héros éclopé n'en est pas quitte encore ; si, pour lui, le dimanche gras a été une journée de combat et de gloire, il lui faudra, le lendemain, se voir transporté et porté de maison en maison, de ferme en ferme, dans toute l'étendue de la paroisse. Dans chaque habitation, on le félicitera sur son courage, de même que son heureux possesseur recevra des compliments pour l'avoir si habilement formé à la joute. Le cortège nombreux qui l'escorte se compose de tous les jeunes gens et il n'y a pas jusqu'à la petite marmaille qui ne veuille être de la fête. Tous sont enrubannés, parés d'oripeaux et même de bouquets artificiels provenant de pèlerinages.

Dans toutes les maisons, le coq porté par son maître est présenté à chacun des habitants. Un chant de circonstance modulé sur un rythme monotone se fait entendre pendant ces stations. Ce chant n'a pas un grand mérite poétique, mais il exprime assez naïvement le motif de la visite, ainsi que le but de cette promenade grotesque. Je crois devoir transcrire les couplets suivants qui méritent d'être conservés comme type des chants populaires de l'ancienne Beauce.

De la joute aux coqs,
Voilà le plus gros
Et le plus vaillant
D'tous les combattants,
Coquerico (1).

A quiconque voudra,
Il leur montrera
Que leurs coqs capons
Ne sont qu'des chapons,
Coquerico !

Nous montrons l'vainqueur;
Pour lui faire honneur
Nous v'nons vous d'mander
De quoi l'rassasier.
Coquerico !

Deux membres du cortège portent une corbeille dans laquelle sont déposées les offrandes, qui se composent de rares pièces de monnaie, de fruits, d'œufs et quelquefois de volailles. Comme cette promenade avait lieu

(1) Refrain répété pour tous les assistants sur tous les tons et un nombre illimité de fois.

le lundi-gras, le lendemain, jour de mardi-gras, le *Roi de la Joute aux Coqs* se faisait un plaisir d'inviter tous les jeunes gens de la paroisse à un banquet des plus modestes, et dont le menu était en rapport avec la position de la fortune de sa famille. Dans ce repas, les offrandes de la veille formaient la plus large part du festin. Au dessert, force quolibets étaient lancés contre les jeunes gens des villages dont les coqs avaient été rapportés comme trophées et gages de la victoire gagnée le dimanche précédent, puis l'on se quittait joyeusement en se promettant bien de célébrer d'autres victoires, à l'occasion prochaine. »

Ainsi que le suggère notre distingué compatriote, ces haines de village à village, ces querelles fréquentes, ces rixes sanglantes qui se reproduisaient à chaque fête patronale, avaient pour origine les joutes des coqs.

La Révolution de 1793 a éteint, en Beauce, cet usage barbare.

Viatique.

Jusqu'au milieu du siècle dernier, lorsque le prêtre était appelé (le jour ou la nuit) auprès d'un moribond, il faisait, tout en marchant, tinter une clochette à coups cadencés. C'était un signal d'appel fait aux parents et amis du malade pour accompagner, avec des lumières, le prêtre dans l'exercice de son ministère.

*
* *

Processions ambulatoires (1).

Les processions se firent chez tous les peuples, avec des buts différents, suivant les temps et les croyances. Il y eut les processions dites commémoratives, de pèlerinages, d'actions de grâces, etc.

(1) Du vieux mot français *ambuler*, qui a fourni les dérivés : *ambulant*, *ambulatoire*, du latin, *ambulare*.

Les processions qui se font aujourd'hui dans l'intérieur des églises se faisaient, sous le dernier Empire, sur le territoire de la commune, jusqu'à certains carrefours où s'élevait une croix.

A la procession des Rogations, le clergé, croix en tête, suivi d'un grand nombre de fidèles, faisait le tour du territoire communal en bénissant les champs ensemencés afin qu'ils produisissent une bonne récolte.

Anciennement, certaines processions offraient un parcours total de trente, quarante kilomètres et plus. Une procession fit le trajet de Chartres à Orléans.

Lorsqu'une épidémie ravageait une contrée, le clergé de la ville organisait, pour apaiser la colère de Dieu, une procession ambulatoire. D'autres étaient organisées comme pélerinages aux églises dont les saints étaient réputés. Le cortège comprenait des milliers de personnes. Suivant la distance, variait l'heure du départ. On partait quelquefois le matin, dès l'aube, pour ne rentrer qu'à la nuit. Quelques processions ont même duré plusieurs jours. Des pèlerins emportaient leur nourriture ; d'autres achetaient de quoi se nourrir en cours de route, soit dans les villages traversés, soit aux commerçants avisés et improvisés qui suivaient le cortège, dans des voitures chargées de provisions.

Des scènes scandaleuses se produisirent forcément dans ces masses humaines, dans ce pêle-mêle de pèlerins où il n'y avait pas que des croyants : les processions à longues distances furent supprimées.

*
* *

La Procession des Bergers.

Jusqu'à la fin du XVIIIe siècle, les fêtes de Noël furent très populaires dans nos campagnes. Tous les Beaucerons allaient à la *Messe de Minuit ;* et, quoique très croyants et même pratiquants, ils n'étaient point ennemis ni de la bonne chère, ni de la vieille gaîté gauloise. La messe de minuit était précédée de la *Procession des Bergers* et suivie du *Réveillon.*

La coutume du réveillon s'est perpétuée

jusqu'à nos jours ; mais la procession des bergers, profondément naïve à son origine, dégénéra, à l'époque de la grande Révolution, en manifestations marquées de chants obscènes et de danses scandaleuses : le clergé la supprima.

Voici, d'après M. Ad. Lecocq, en quoi consistait cette cérémonie beauceronne.

« Chaque année, les bergers d'un certain nombre de paroisses limitrophes se donnaient rendez-vous, dans l'une de ces paroisses, afin de représenter dans l'église du village pendant la messe de minuit l'adoration des bergers à Bethléem. Chacun d'eux devait, sous peine d'une amende, se trouver avec la jeunesse de son village au rendez-vous le 24 au soir, à 11 heures, à la porte de l'église désignée. Chaque berger devait avoir sa bergère qui menait en laisse un mouton enrubanné et lui-même devait accompagner de son hautbois les chants d'allégresse qui signalaient l'entrée dans l'église.

Le récit que nous allons faire de la cérémonie et de ses apprêts ne peut donner qu'une idée bien incomplète de cette mise en scène pastorale. Dans chacun des villages beaucerons, le dernier coup de l'*Angelus* du soir de la veille de Noël avait à peine retenti que tous les jeunes gens et toutes les jeunes filles, ainsi que les bergères, conduisant le mouton traditionnel et les bergers, tenant en main leur hautbois ou musette, se rendaient à la porte de l'église de leur paroisse. Là, un premier chant de Noël était exécuté. Chaque village avait ses chants de Noël de prédilection, lesquels étaient le plus souvent frondeurs. Rendus dans le langage naïf ou patois du cru, ils étaient pleins de malices, d'équivoques ou d'allusions à certains faits locaux.

Si, dans le courant de l'année, se composait un nouveau chant de Noël, on le destinait à être exécuté dans l'église où devait avoir lieu la réunion générale, à la *Procession des Bergers*. Au jour solennel, le cortège se dirigeait vers la demeure du curé et se rendait ensuite dans toutes les fermes et habitations marquantes de la paroisse, pour faire entendre d'une manière bruyante et le plus souvent cacophonique, de vieux Noëls séculaires. Cette procession grotesque était escortée par des gamins et éclairée par des lanternes faites de papier huilé et découpé qu'on appelait, dans quelques endroits, *colinettes*. Au centre de ces appareils apparaissait une chandelle fixée à un bâton, le tout ressemblait beaucoup à nos modernes lanternes vénitiennes. Si l'habitant, à la porte duquel on s'arrêtait, était généreux, il offrait aux musiciens et aux chanteurs des rafraîchissements ainsi que quelques pièces de monnaie de billon destinées à l'achat des herbes nécessaires à la nourriture des moutons, lesquels étaient supposés devoir se rendre à Bethléem.

Vers dix heures, la cloche du village, mise en branle, annonçait la messe de Minuit qui ne devait être célébrée que pour les vieillards et les chefs de maison, seuls assistants puisque le départ des bergers, qui avait lieu dans le même moment, entraînait à sa suite toute la jeunesse vers l'endroit de la réunion où se trouvait la grande crèche.

A deux cents pas de ce burlesque cortège marchait un jeune garçon qui portait, élevée au bout d'une longue perche, une lanterne allumée et garnie de verres. Dans l'obscurité, cette lanterne figurait l'étoile apparue aux bergers et aux mages pour les guider vers l'étable de Bethléem, lors de la naissance du Sauveur.

Rien ne devait être plus saisissant que de voir à travers ces immenses plaines de la Beauce, ordinairement si calmes et si désertes pendant les nuits, scintiller cette multitude de lumières, répercutées en des milliers de points étincelants par la glace et les frimas qui, à cette saison de l'année, tapissent le sol et les plantes diverses. Ce sont les colinettes et les brandons éclairant le cortège qui ont produit cet effet magique. Tous les chemins, tracés par de profondes ornières, sont bientôt envahis par une foule compacte et bruyante faisant retentir les plaines, des Noëls, des cantiques et des chansons diverses.

C'était dans l'une des paroisses où s'élevait un porche ou chapiteau, à l'entrée de l'église, que s'établissait la grande crèche. On vit, dans certains villages, le bœuf et l'âne traditionnels installés, vivants, sous le porche auquel on accolait une petite construction, en appendice. Si le porche faisait défaut, c'était dans l'église même et en face de l'autel de la Vierge que l'on disposait la crèche.

A onze heures sonnant à l'horloge du village, où avait lieu le rendez-vous, tous les bergers, groupés en cercle avec leurs bergères autour de la crèche, exécutaient, soudainement et à l'unisson, plusieurs des anciens Noëls, les plus renommés de la contrée. Un instant après et comme à l'improviste les paroisses qui avaient appris ou composé un Noël nouveau se mettaient en devoir de le faire entendre ; on eût dit qu'entre tous les chanteurs s'engageait une sorte de lutte musicale et poétique. »

Tout d'abord les Noëls se succédaient autour de la crèche, répétés par les gens qui, n'ayant pu trouver place dans l'église, se tenaient sur le parvis et dans le cimetière environnant l'église. Puis les chants se confondaient ; les moutons, le bœuf et l'âne mêlaient à ce concert leurs cris discordants ;

la cloche faisait entendre son plus joyeux carillon. Alors, pour compléter cette cacophonie indescriptible, musettes et hautbois attaquaient les vieux airs de menuets et de gavottes ; c'était le commencement des danses qui s'exécutaient dans le cimetière, sans respect pour la cendre des morts.

L'office terminé, jeunes et vieux, bergers et bergères, reprenaient le chemin de leur village respectif pour aller fêter le Réveillon.

*
* *

Voici quelques airs les plus en vogue dans la Beauce et dans le Perche jusqu'en 1789 :

LAISSEZ PAÎTRE VOS BÊTES.

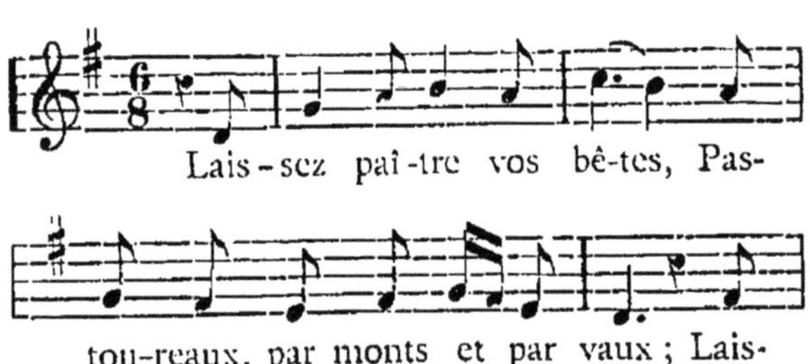

*
* *

BOUTONS NOUT' HABIT.

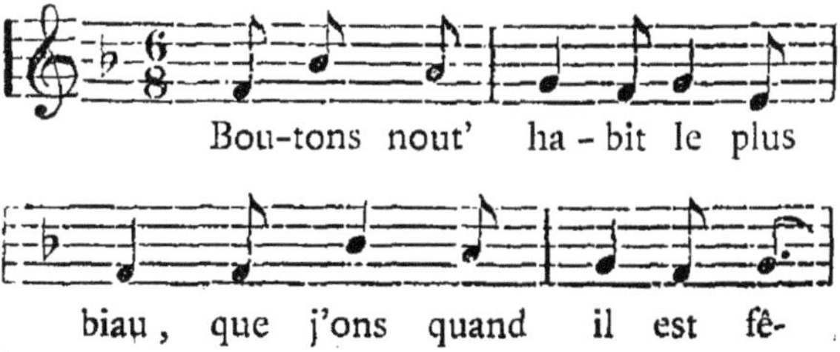

⁂

Nous voici dans la ville.

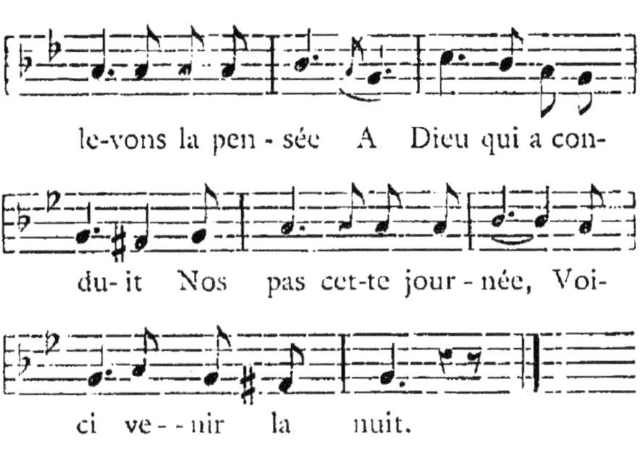

*
* *

En rentrant à la maison, nos chanteurs, assoiffés et affamés, trouvaient, tout préparés et tout fumants, les mets destinés à fêter le *Réveillon*. Les immenses plats en terre grise étaient placés, dans la vaste cheminée, sur la cendre chaude, près de la bûche traditionnelle. Cette bûche était appelée, suivant les localités : *trefoué*, *trifoué* ou *trifouyeau*. On l'avait, au préalable, aspergée de quelques gouttes d'eau bénite. Ses charbons, comme ceux du *feu de Saint-Jean*, étaient placés sous le lit afin de préserver la maison du feu du ciel.

Le *Réveillon* était une nouvelle *Fête à boudin* : les entrailles du *nobl'* et sa chair succulente, transformées en boudins, saucisses, andouilles, etc., composaient le menu du festin. On l'arrosait copieusement, dans le Perche, avec le cidre du cru, dans la Beauce, avec une petite *piquette* récoltée sur les coteaux les plus proches.

*
* *

Les Carillons.

Au XVIIe et surtout au XVIIIe siècle, les carillons étaient très en vogue. Chaque paroisse essayait de se signaler et de surpasser la paroisse voisine dans la composition de ses morceaux de musique destinés au carillon. Les airs de carillons se jouaient sur un nombre de cloches variant de quatre à quinze.

Quatre cloches suffisaient pour exécuter le

CARILLON DE VENDÔME.

Andante.

Sur cet air, les habitants de Pontgouin (E.-et-L.), qui aimaient le carillon au point d'en abuser et d'entrer en lutte avec leur curé, avaient adopté les paroles suivantes :

> Saint-Eliph, Vaupillon,
> Montireau, Fontaine-Simon,
> La Loupe, La Loupe.

Chartres a eu aussi son carillon célèbre dont le motif musical était une réminiscence d'un chant breton :

*
* *

CARILLON CHARTRAIN.

FIN DU TOME I.

PRINCIPAUX OUVRAGES CITÉS OU CONSULTÉS
POUR LES RÉFÉRENCES.

Affiches chartraines (Les).

Almanachs des départements d'Eure-et-Loir, de Loir-et-Cher, du Loiret et de Seine-et-Oise.

Annuaires statistiques des départements d'Eure-et-Loir, de Loir-et-Cher, du Loiret et de Seine-et-Oise.

Ayrault d'Angers. — *Procez faits aux cadaver (sic), aux bestes brutes, choses inanimées et aux coutumax (sic)*. (Angers, Hernault, 1591, in-4°).

Bart (Léonart), sieur des Roullais. — Les *Antiquités du comte du Perche*, transcrites et augmentées en 1825 par L. N. C. Delestang, ancien sous-préfet de Mortagne (Daupeley frères, 1849, in-16).

Beaussart (Melchior). — La *Bande d'Orgères*, brochures (Chartres, 1870).

De Boisvillette. — *Statistique archéologique d'Eure-et-Loir* (Chartres. — Pétrot-Garnier, 1864, in-8°).

Carnoy. — *Littérature orale de la Picardie* (Paris-Maisonneuve).

Chevard (V). — *Histoire de Chartres et de l'ancien Pays chartrain* (Chartres, Durand-Le Tellier, an X, 2 vol. in-8°).

Coudray-Maunier. — *Histoire de la Bande d'Orgères*, (1883).

Courtin (maître René). — *Histoire du Perche* (1611), transcrite en 1763 par P. Lesueur.

Delescornay. — *Mémoires de la ville de Dourdan* (1624, in-12).

Devoille (A.). — *La cloche de Louville* (Blériot et Gautier, Paris, in-12).

Doyen. — *Histoire de la ville de Chartres*, du pays chartrain et de la Beauce (Chartres, imp. Deshayes, 1786, 2 vol. in-8°).

Dureau de la Malle, membre de l'Institut. — *Description du bocage Percheron*, etc. (in-8°, 1823).

L'Evangile des Quenouilles (Paris, Janet, 1855).

Fréminville. — *Mémoire sur les monuments druidiques du pays chartrain.*

Fret (abbé Joseph). — *Antiquités et chroniques percheronnes.* (Mortagne. imp. de Glaçon, 1838-1840, 3 vol. in-8°).

Glanes Beauceronnes (Chartres, Pétrot-Garnier, 1869).

Guilbert (Aristide). — *Histoire des villes de France*, (Paris, 1845, t. 2).

Leclair. — *Histoire des brigands, chauffeurs et assassins d'Orgères*, (Chartres, brumaire an VIII, in-12).

Lecocq (Ad). — *Chroniques et légendes beauceronnes* (Chartres, Pétrot-Garnier, 1867, in-8°).

Lecocq (Ad.). — *Les Sorciers de la Beauce*, (Chartres, Pétrot-Garnier, 1861, in-8°).

Lecocq (Ad.). — *Les Loups dans la Beauce.*

Lefèvre. — *Notice sur l'abbaye de Saint-Sanctin.*

Leroux de Lincy. — *Le Livre des Proverbes français* (2e édit. 1859, 2 vol. in-16. Delahays (biblioth. gauloise)

Lenglet-Dufresnoy. — *Traité historique et dogmatique sur les apparitions, les visions* (1751, 2 vol. in-12).

Luzel (F.-M.). — *Contes populaires de la Basse-Bretagne* (Paris, Maisonneuve).

Manuscrits divers de la bibliothèque de Chartres.

Mélusine. — *Recueil de Mythologie. Littérature populaire*, etc., publié par H. Gaidoz et E. Rolland (1878 et 1884-1897, in-4°).

Mémoires de la Société des Antiquaires de France.

Mémoires de la Société archéologique d'Eure-et-Loir.

Morin (A. S.) — Le *Prêtre et le Sorcier* (Paris, 1872, in-16).

Morin (Dom Guil.). — *Histoire générale des pays du Gastinois, Senonois...* (Paris, Chevalier, 1630, in-4°).

Musée des Familles (t. II, décembre 1834).

De Pétigny. — *Essai sur la population du département de Loir-et-Cher au XIXe siècle.*

De Pétigny. — *Histoire du Vendômois* (in-4°).

Philippon de la Madelaine. — *L'Orléanais* (Paris, Mallet, 1845, in-8°).

Précis historique du Pays chartrain (Chartres, Lacombe, 1792, in-8°).

Revue des traditions populaires.

Rolland (E.). *Rimes et jeux de l'enfance* (Paris, Maisonneuve).

Rouillard (Sébastian). — *Parthénie ou Histoire de Chartres* (Paris, Rolin-Thierry, 1609, in-8°).

Savard. — *Parthénie ou Histoire de Chartres.*

Sébillot (P.). — *Coutumes populaires de la Haute-Bretagne*, (Paris, Maisonneuve).

Sébillot (P.). — *Littérature orale de l'Auvergne*, (Paris, Maisonneuve)

Souchet. — *Histoire du diocèse de la ville de Chartres* (Garnier, 1866-73, 4 vol. in-8°).

Thiers (J.-B.), docteur en théologie, curé de Champrond (E.-et-L.). — *Traité des Superstitions.* (Paris, de Nully, 1704, 4 vol. in-12).

Vallerange. — *Curiosités percheronnes et beauceronnes* (L. Passard, 1861).

Vaugeois. — *Mémoires de la Société des Antiquaires.* (Tome III).

Chartes, Manuscrits et Mémoires divers.

TABLE ANALYTIQUE

DES

MATIÈRES CONTENUES DANS LE PREMIER VOLUME.

PREMIÈRE PARTIE.

AUTREFOIS. — AUJOURD'HUI.
LA BEAUCE ET LE PERCHE.
LES BEAUCERONS ET LES PERCHERONS.
TYPES. — MŒURS. — PATOIS.

DEUXIÈME PARTIE.

A TRAVERS LA VIE BEAUCERONNE ET PERCHERONNE.

(Vieux Usages. — Vieilles Superstitions).

CHAPITRE I.

LA MÉDECINE RELIGIEUSE : SOUVENIRS DRUIDIQUES.

CHAPITRE II.

LA MÉDECINE RELIGIEUSE *(suite)* : SAINTS PROTECTEURS ET GUÉRISSEURS.

CHAPITRE III.

La Médecine empirique : Rebouteurs ; Panseux de secrets ; Remèdes Populaires.

CHAPITRE IV.

LA SORCELLERIE ET LA DIABLERIE.

CHAPITRE V.

LE MONDE FANTASTIQUE.

CHAPITRE VI.

COUTUMES. — TRADITIONS — SUPERSTITIONS DIVERSES.

TABLE DES MATIÈRES

DU PREMIER VOLUME.

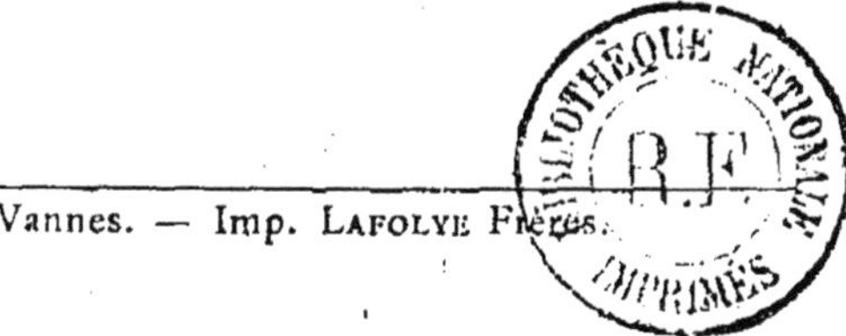

Vannes. — Imp. LAFOLYE Frères.

www.ingramcontent.com/pod-product-compliance
Ingram Content Group UK Ltd.
Pitfield, Milton Keynes, MK11 3LW, UK
UKHW021103220726
13924UKWH00005B/2210

9 782019 946197